CB061559

O PODER DO JOVEM
Copyright by Lauro Trevisan
Lançado: setembro de 1981, 73 edições
Reescrito pelo autor: junho de 2010.
Capa: Andrey Lamberty
Direitos reservados: Se você deseja transcrever algum texto isolado, cite o autor e a obra.

T814p	Trevisan Lauro O Poder do jovem / Lauro Trevisan - Santa Maria : Editora da Mente, 2010. 184p. 1. Autoajuda 2.Psicologia 3. Motivação I. Título CDU 159.962.7

Ficha Catalográfica elaborada pela Bibliotecária Eunice de Olivera – CRB 10/1491

EDITORA DA
mente

Editora e Distribuidora da Mente
Caixa Postal, 559 – CEP: 97015-663
Santa Maria, RS, Brasil
Fone: (0xx55) 3223.0202
Fax: (0xx55) 3221.7184
E.mail: mente@laurotrevisan.com.br
Autor: laurotr@uol.com.br
Site: www.editoradamente.com.br

Lauro Trevisan

O PODER
do Jovem

Editora da Mente – Santa Maria – Brasil

Lauro Trevisan

Estoure a bomba!

Você é jovem, forte, poderoso e inteligente.
Você adora momentos heroicos e grandiosos.
Você tem a aventura no sangue.
Então, pegue nessa mecha acesa e toque fogo nessa mina atômica que está diante de você.
BUUUUUUUUUUUUUUUUUUUM!
Você acabou de explodir a maior força atômica do mundo: a força da sua mente.
Agora ruíram estrondosamente as montanhas, estouraram os obstáculos, foram para os ares os preconceitos, explodiram em pedaços os traumas – e você está entrando no mundo da liberdade, da alegria, do amor e do sucesso.
Seja bem-vindo!
Daqui para frente, você é o grande conquistador da sua vida.
De agora em diante, cessem todas as vozes do passado, porque você é a grande voz que se levanta no palco da vida.

VAMOS, APRESSE O PASSO

Não pare no caminho.
Decida-se agora mesmo a ser feliz.
Decida-se neste instante – amanhã poderá ser tarde – a entrar pela abertura provocada pela explosão acima.

Você vai percorrer o mundo lindo dos seus desejos.

Você vai aprender a usar a Força Atômica da sua mente de tal forma que derrubará todos os obstáculos da sua vida.

Sim, vamos, não perca tempo, estou ansioso por ver você percorrer o mundo da sua felicidade e do seu sucesso.

AQUI E AGORA

A sua vida é hoje, aqui e agora.

Não volte para trás e nem deixe para depois.

Você terá a ventura de conhecer o caminho da sorte, da saúde e da felicidade e tenho absoluta certeza de que não ficará a meio caminho.

Na verdade, você é muito inteligente, caso contrário não estaria lendo essas linhas.

Confirme a sua inteligência perscrutadora, seguindo em frente.

Vou entregar-lhe um grande navio e você agora vai ser o maior navegador do mundo.

Confio em você.

Tenho certeza de que navegará com sucesso pelos mares abençoados desta vida.

Ao final, na chegada, estarei com você para brindarmos à nova vida.

Parabéns.

Você é grande.

O mundo se orgulha de você.

E eu também.

Lauro Trevisan

CAPÍTULO I

PONHA A MÃO NO SEU PODER

Depois de uma longa viagem misteriosa e fascinante, em que você veio navegando pelas águas do seio materno e pelos rios e afluentes de sua infância, eis que agora está aportando num mundo novo.

Você é jovem e está chegando ao mundo dos seus sonhos. Vê todas as portas se abrirem diante de si e contempla, empolgado, o paraíso que se descortina aos seus olhos. Surge um mundo tão misterioso, tão atraente e tão desconhecido, que você não resiste ao ímpeto de se aventurar sofregamente por todos os caminhos, ansioso por chegar, ao mesmo tempo, em todos os lugares.

Você é forte, corajoso e cheio de vitalidade.

Não existem barreiras diante do seu entusiasmo.

Poderão os outros cair à margem da estrada, mas você grita que seguirá adiante com o brilho do vencedor nos olhos.

Àqueles que lhe mostram os obstáculos e as dificuldades, você responde com arrojo.

Àqueles que se colocam à sua frente, tentando barrar o seu caminho, você os empurra para o lado e segue em frente.

Não há tempo a perder.

A vida está aí diante dos seus olhos, como um porto irresistível e deslumbrante, e você está saltando fora do seu barco, na frente dos outros, até mesmo na frente dos seus pais, pois chegou a sua vez de conhecer tudo o que a vida pode lhe oferecer.

SIGA EM FRENTE

Siga em frente, cheio de fé e entusiasmo.

O mundo é seu.

Não importa se algumas portas se fecharem, não importa se algum caminho escuro fizer você tropeçar.

Siga em frente.

Fronte erguida, passo firme, porte ereto, olhar seguro, todos estão fascinados com a sua presença avassaladora.

Você é jovem.

Você é a força impulsionadora do mundo.
Você é o grande conquistador do universo.
Não acredite naqueles que dizem que o mundo já é velho demais e nada mais existe para ser descoberto.
Avante!
Um mundo novo há de despontar na dobra do caminho.
Vá em busca das esmeraldas e elas hão de brilhar diante dos seus olhos esbugalhados.
Os mistérios do mundo estão esperando por você. Os segredos do universo estão esperando por você. Você há de desvendá-los. E todos se inclinarão reverentes à sua passagem, porque você é o Cristóvão Colombo da sua vida.

COMO VOCÊ É IMPORTANTE!

Você é a pessoa mais importante deste planeta.
Você estava sendo aguardado há bilhões de anos.
Jamais pisou neste solo um ser humano como você.
Você é grande.
Você é uma estrela extremamente necessária na constelação imensa do universo humano.
Se você cai, o mundo cai.

Se você sai fora de órbita, altera-se toda a ordem universal.

Se gira corretamente como o sol da sua órbita, o mundo girará em harmonia. Você é tão importante quanto o sol. Sem a sua presença, este planeta se torna mais obscuro.

Você é o universo, porque todo o universo cabe dentro de você.

Pare de dizer que é um ser inútil e sem sentido. Levante-se e assuma a sua legítima posição. Você tem presença privilegiada e ninguém poderá ocupar o seu espaço.

A VIDA ESTÁ ABRINDO TODAS AS PORTAS

Conheço jovens que entram na vida como condenados. Sentem-se amarrados, tolhidos, amassados, apequenados, desse tamanhozinho. Não, não é assim.

Abra os olhos e veja as maravilhas que a vida está lhe oferecendo de mãos beijadas; veja o amor que a vida tem para lhe dar; contemple as alegrias e divertimentos que a vida lhe oferece; observe o cabedal de sucessos que está aí à sua disposição; imagine os borbotões de felicidade que querem inundar seu coração; estenda as mãos para as riquezas que estão aí para as colher; descubra a imensidade de amizades que desejam tornar sua existência agradável.

Abra os olhos, por favor.

Não dê ouvidos àqueles que dizem que a vida é uma luta feroz; não se importe com aqueles que dizem que o homem é lobo do homem; não creia naqueles que gritam que só alguns privilegiados têm vez; não pare para ouvir aqueles que dizem que o mundo está em bancarrota e você com o mundo.

Não e não e não.

O mundo está cada vez mais lindo.

O mundo está cada vez mais habitável, mais fraterno e mais humano.

Todas as pessoas são parte de você, por isso não vivemos numa selva, mas numa família de irmãos e amigos.

Abra os lábios, sorria, e todos sorrirão para você.

Você é jovem, você está chegando.

Todos lhe dão as boas-vindas, pois a sua presença é agradável, desejada, amiga, e muito querida.

Ao entrar na cidade maravilhosa da vida, entre com o porte do vencedor; entre com a mente cheia de fé; entre com o coração transbordante de amor. Então, todos abençoarão a sua chegada.

A vida não é luta. Nada disso.

A vida é um caminhar alegre, feliz, tranquilo, cheio de bem-estar.

Quando você vê a vida totalmente escura é porque esqueceu de abrir os olhos.

O EXEMPLO DO SAPO

Era uma vez um sapo que viveu vinte anos debaixo de uma pedra, queixando-se amargamente de que a vida era um peso, que a vida era uma prisão, que a vida não oferecia espaços, que a vida era só sofrimento e escuridão. Aconteceu que, de uma feita, conseguiu sair da pedra e, então, pôde ver que a vida era leve, ensolarada, agradável; pôde ver com os próprios olhos que a vida era imensa e que tinha tanto espaço para viver como jamais havia imaginado.

É isso que acontece com você, quando teima em viver amarrado em três ou quatro ideias negativas que lhe colocaram na cabeça.

Saia agora mesmo do sufoco negativo. Erga os braços com ânimo e respire alegremente o ar puro da vida. Dê um salto feliz e cante a plenos pulmões a canção da liberdade, do sucesso e do amor.

A vida está abrindo todas as portas para você.

Entre. Entre confiante.

Entre com coragem.
Você é um triunfador.

AS SUAS ORIGENS

Você, talvez, tenha memória tão curta que atribui a sua origem ao seio materno. E quando está com raiva dos pais, grita-lhes na cara:
- Eu não pedi para nascer!
Você nasceu, isso é o que importa. Assuma a sua identidade. Ponha a coroa de Rei da Criação na cabeça e comece finalmente a governar-se e a governar o seu mundo.

Se até agora você atribui sua maré baixa, sua pouca sorte, seu fraco desempenho na vida a seus pais, liberte-se dessas ideias negativas e assuma, neste instante, o comando do seu barco.

Seja o general de si mesmo.

Agora que atingiu os limites da adolescência e da juventude, você é o comandante do seu barco e o responsável pelo mesmo. Sacuda a poeira do passado, demita os negativismos e dê o seu grito de libertação.

Jogue o chapéu para o ar e grite com vontade:
- Agora eu SOU EU!
Muito bem, de agora em diante nada de culpar os pais. Eles fizeram o mais importante para

você: deram-lhe a vida. E isso basta. Tudo o mais é com você.

Seja qual for a sua situação atual, daqui para frente você é o jovem todo-poderoso, dono de si, governador do seu barco, responsável pela carga, autor do seu destino, construtor da sua vida.

Isso é fantástico!

Parabéns a você!

Nunca mais se queixe do passado, porque o passado já não existe.

Quem põe a mão no arado e olha para trás não é digno de mim – já dizia o grande Mestre, há cerca de dois mil anos.

Você agora assumiu a sua verdadeira identidade.

Sabe que a sua existência transcende os pais e é fruto da imaginação criativa de Deus. Você foi projetado divinamente e a sua presença na terra, neste estágio da humanidade, é algo milimetricamente cronometrado.

Agora sua presença é indispensável.

O MUNDO É SEU

Você é filho de Deus. O herdeiro. O príncipe deste mundo encantado.

Contemple embevecido as maravilhas que existem neste mundo, para você.

Veja, feliz, o paraíso terrestre no qual foi colocado.

Relanceie o olhar sobre tudo o que existe na terra e ouça a voz da Bíblia:

"Façamos o homem à nossa imagem e semelhança, o qual presida aos peixes do mar, às aves do céu, aos animais, e a todos os répteis que se movem sobre a terra, e domine em toda a terra".

Você foi criado, não como uma perdiz abandonada no campo, mas para presidir a criação e dominar em toda a terra.

Veja, você é grande. Você é poderoso.

Você é o rei do universo.

Dê uma salva de vinte e um tiros: o novo rei vem chegando para assumir o trono que lhe pertence por direito divino.

O novo rei é você.

Parabéns. Viva. Viva.

VÓS SOIS COMO DEUSES

"Vós sois como deuses" – escreveu o apóstolo Paulo, certa ocasião. Noutra oportunidade, escreveu: "Sois da estirpe divina".

Veja bem: se o seu espírito é parte do Espírito Infinito, consequentemente você tem o poder infinito e a sabedoria infinita.

Você tem, portanto, a dimensão divina.

Você é uno com Deus.
Você é todo-poderoso.
Você tem o poder de dizer FAÇA-SE e tudo se fará de acordo com a sua palavra.
Você é como Deus. Um deus em miniatura. Um deus finito, mas imortal.
Acredite.

COMO USAR O PODER INFINITO

Agora é você quem cria o seu destino.
Você tem o Poder Criador, com o qual construirá o seu paraíso ou o seu inferno.
Deus, que é imanente em você, só pode agir em você por meio de você.
Quando as coisas não vão bem para o seu lado é porque está usando o Poder Divino em seu prejuízo.
Perceba agora que você estava equivocado quando se queixava de Deus porque sua vida estava na pior. Era você que usava o Poder Infinito de Deus para lhe atrair resultados ruins.
- Toda árvore boa produz bons frutos; toda árvore má produz maus frutos – afirmava o Mestre.
É você quem produz os seus frutos existenciais. Bons ou ruins.
No paraíso existia a árvore do Bem e do Mal. Na sua mente existe também a árvore do Bem e do

Mal.

    E o bem e o mal são criados pelo seu pensamento. Já dizia Shakespeare: "O bem e o mal não existem, é o pensamento que os cria".

    O que você cria na mente acontece.

    Os seus pensamentos são realidades mentais que se tornam realidades físicas.

    Se você semeia pensamentos positivos, colhe resultados positivos.

    Se semeia pensamentos negativos, colhe resultados negativos.

    O pensamento é o botão que aciona o Poder Infinito existente em você.

    Você é o que são os seus pensamentos.

    Houve um botão que acionou a bomba atômica em Hiroxima e Nagasaki e houve um botão que acionou o funcionamento da maior usina atômica do mundo.

    O botão que move a força atômica existente em você é o seu pensamento.

    Sua vida é um desastre se você só cria pensamentos negativos de ódios, timidez, insegurança, tristeza, inferioridade, medos, inveja, ressentimentos, culpa, desamor, fraqueza, pequenez, dependência, perseguição, injustiça, doença, infelicidade, miséria, fracasso.

    Sua vida é um sucesso se você só cria pensamentos de amor, de alegria, de paz, de concórdia, de coragem, de autoconfiança, de capacidade, de triunfo, de poder, de sabedoria, de segurança, de liberdade, de vitória, de bem-estar, de prosperidade, de saúde, de felicidade, de fé.

A escolha é sua. Mas, é claro que você é muito inteligente a ponto de só optar, desde agora, por pensamentos que correspondam ao tipo de vida que deseja levar.

Você está começando a abrir as portas dos seus sonhos. Já sabe como tornar todos os seus sonhos realidade.

Sonhar é pensar. E pensar é criar na mente. Criar na mente é fazer com que aconteça.

Você pode, se pensa que pode.

Essa é a Lei.

Lauro Trevisan

CAPÍTULO 2

VENCENDO DIFICULDADES E MEDOS

Certo dia, um jovem me disse que essa história de usar o pensamento para alcançar alguma coisa na vida era, para ele, pura balela.
- Eu, por exemplo – me dizia ele – sou tímido porque sou tímido. Vai me dizer que, seu eu pensar que sou corajoso, deixo de ser tímido?
- E por que você é tímido? – perguntei-lhe.
- Porquê, não sei. Só sei que sou tímido. Toda vez que tenho que falar em público me apavoro; não gosto de falar em rodas; fico sem graça quando estou num grupo; enfim, é isso aí.
- E desde quando é tímido? – tornei a indagar.
- Desde sempre, por certo.
- Não é assim. Você começou a ser tímido quando lhe disseram que era tímido ou quando

você começou a se julgar tímido. Timidez não é característica inata, não é essência do ser humano. Pois, se assim o fosse, todas as pessoas seriam tímidas, e não é isso o que acontece.

– Então, por que sou tímido?

– Porque um dia você colocou esse padrão de pensamento na cabeça. Daí para frente, toda a vez que você diz que é tímido, ou pensa que é tímido, ou se julga tímido, ou age como tímido, está reforçando o pensamento de timidez. E o seu pensamento está reproduzindo a realidade correspondente. Você é tímido porque pensa que é tímido e sempre será tímido enquanto pensar que é tímido.

– E o que é que eu posso fazer?

– Usar a força todo-poderosa do seu pensamento para vencer a timidez. Comece desde agora a pensar: "Eu sou corajoso. Eu sou corajoso. Eu sou corajoso. Eu gosto de falar em público e todas as pessoas gostam de me ouvir. Eu tenho conversa agradável e sou muito benquisto em todas as rodas. Todas as gurias e rapazes gostam de me ouvir. Minha voz é agradável, minhas palavras são fluentes, meus assuntos são oportunos e todos adoram minha companhia". Decore e repita várias vezes ao dia.

– E isso vai dar certo?

– Não foi o seu pensamento que criou a sua timidez? Pois, agora será esse novo pensamento que criará seu estado de alegria, segurança e autoconfiança toda vez que falar com outras pessoas. Repita muitas vezes por dia, para si mesmo, aquelas afirmações e verá os resultados maravilhosos. Nunca pense em timidez. Toda vez que lhe sobrevierem impulsos de timidez, volte a insistir, com convicção: "Eu sou corajoso; eu gosto de falar em público e todas as pessoas gostam de me ouvir. Eu tenho uma conversa agradável e sou muito benquisto em todas as rodas. Todas as gurias e rapazes gostam de me ouvir. Minha voz é agradável, minhas palavras são fluentes, meus assuntos são oportunos e todos adoram a minha companhia".

Dias depois, encontrei-me com esse rapaz e ele estava feliz da vida:

- Sabe, você tinha razão. Agora me sinto mais à vontade. Tudo está dando certo.

O PENSAMENTO É A SUA FORÇA

Se você é um jovem negativo, comece por fazer um inventário dos seus pensamentos. Se o interior do seu carro sempre fica cheio de poeira, você só conseguirá deixá-lo limpo se tapar os buracos por onde entra a poeira.

O pensamento negativo tem uma finalidade positiva. Assim como a dor tem a finalidade positiva de informar-lhe onde você precisa curar-se, da mesma forma o pensamento negativo tem a finalidade terapêutica de indicar-lhe qual é a energia positiva que você está necessitando. Se é um jovem inseguro, esse pensamento negativo está apenas indicando onde se encontra "a brecha" da sua personalidade que precisa ser reparada. Então, de imediato, produza a solução. Na lista dos seus pensamentos negativos, dos seus medos, dos seus complexos, ponha ao lado a palavra que significa a solução. Por exemplo: timidez – coragem; inseguro – seguro de si; burrinho – inteligente; feio – bonito; triste – alegre; pobre – rico; azarado – de sorte; doente – saudável; infeliz – feliz; sem amigos – cheio de amigos; mordaz – elogiador; revoltado – em paz; angustiado – liberto; sem Amor – com um grande Amor; preso em casa – livre; com medo do futuro – certo do sucesso; preguiçoso – trabalhador; desanimado – animado; gordo – elegante; minha família não gosta de mim – em casa todos me adoram; meus pais sempre brigam comigo – eu e meus pais vivemos em harmonia; detesto a matemática – eu gosto de matemática; não gosto de estudar – eu gosto de estudar; eu gosto de falar mal dos outros - eu gosto de falar bem dos outros; meu nariz é horrível - eu tenho o nariz mais lindo do mundo; meu corpo é desengonçado - meu corpo é lindo e bem feito; meu quarto é horrível – meu quarto é agradável; minha mãe é uma coroa chata –

minha mãe é tão legal que até pensou em fazer com que eu existisse; meu pai é quadrado – eu gosto do meu pai assim como ele é; não tem roupa que fica bem em mim – eu sei me vestir bem e todos gostam do meu vestir; detesto vento norte – vento norte é ventinho muito gostoso; dia de chuva me enche – como é gostoso um dia de chuva; assim por diante.

Agora passe a repetir e repetir e repetir um monte de vezes por dia as afirmações positivas cujas energias você está necessitando. Em trinta dias, você é outra pessoa. Outra pessoa. Outra pessoa.

É o pensamento quem cria a sua realidade.

Não são os outros que fazem o que você é. É a soma dos seus pensamentos.

O filósofo grego Sócrates, que viveu há cerca de dois mil anos, pouco mais, já afirmava:

"Dize-me com quem andas e dir-te-ei quem és".

Ele tinha razão. Você é o que são os seus pensamentos. Jovem negativo convive com pensamentos negativos; jovem positivo convive com pensamentos positivos. Todo jovem de sucesso convive com pensamentos de sucesso. Até nisso se pode verificar a incrível sabedoria do Criador: a lei do pensamento é tão simples, tão fácil, tão natural, que qualquer pessoa, de qualquer cultura, em qualquer situação, pode fazer uso dessa lei todo-poderosa e resolver a sua situação. Se, para ser feliz, Deus determinasse que você devesse subir uma montanha, você poderia berrar com os punhos no ar:

- Mas eu não tenho forças para tanto, Senhor!

Pensar, porém, é uma operação intrínseca e ninguém pode roubar-lhe essa possibilidade.

Comece agora a usar essa sua força estupenda e irresistível. Agora mesmo. Agora, sim.

Aí está, dentro de si, a Força Criadora que transformará sua vida no mais lindo milagre.

Feliz de você, que está aprendendo a usar essa força hoje, aqui e agora.

Festeje esse acontecimento. Comemore essa descoberta.

O PENSAMENTO É A SUA ORAÇÃO

Toda a oração é infalível. Mas, a sua oração não é outra coisa que o pensamento no qual você acredita.

Se um jovem reza "Senhor, pelo teu poder divino, agora eu sou seguro de mim" e, depois, em outra ocasião, exclama: "Puxa vida, como eu sou um sujeito inseguro" – qual é a sua oração verdadeira? Sem dúvida, é aquela na qual esse jovem acredita. E a oração acreditada por ele é essa: "Puxa vida, como eu sou um cara inseguro"!

Se, com você, assim acontece, reafirme algumas vezes por dia a prece da segurança interior, repetindo-a com sentimento e com fé. Além disso, pare de dizer o contrário.

Nesse caso, esta sua oração positiva será infalivelmente atendida.

Lembre-se que oração é afirmação. O pensamento acreditado, pela sua própria natureza, não é um pensamento implorado, chorado, suplicado, mas é, isto sim, um pensamento definido, certo, definitivo.

Um dia, muito distante, perguntaram-me:
- Você sabe ler?
- Eu sei.
- Então leia.
Tomei o livro e li.

Quando eu disse – eu sei ler – o meu pensamento era afirmativo, definido, certo e definitivo. Eu disse que sabia ler e isso era uma realidade para mim. O dizer "sei ler" e o "ler" para mim eram a mesma coisa. O que eu afirmava na minha mente equivalia à realidade.

Se você sabe que todo pensamento acreditado produz a realidade correspondente, então a afirmação e a realidade são uma unidade indissolúvel.

Agora você entende porque o Mestre ensinou: "Pedi e recebereis". Todo pensamento que expressa um pedido já é um pensamento realizado. Isto porque existe a Lei Universal de que todo pensamento no qual a pessoa acredita se realiza, se expressa materialmente, em outras palavras, ACONTECE.

A DÚVIDA DESTRÓI A FORÇA DA ORAÇÃO

Conheço muitos jovens que dizem, ao entrar numa igreja:
- Agora eu vou rezar para ver se consigo uma graça!
- Vou fazer uma novena para ver se alcanço o que quero.
- Vou rezar a Nossa Senhora para, se for da vontade de Deus, conseguir a cura da minha perna.
- Vou tentar fazer a oração das Chagas de Jesus para ver se paro de beber.

Todas essas frases, e muitas outras, encerram dúvida. Quem assim fala, pensa dessa maneira: pode ser que eu seja atendido! Quem sabe, eu serei atendido!

Quando você duvida, nada ocorre. A dúvida coloca a mente em duas hipóteses, então nada acontece até o momento em que haja uma afirmação única.

Somente a oração da fé produz o milagre e

alcança o que você deseja. A oração da fé é aquela em que você afirma e sabe que, pelo fato de afirmá-la, pelo Poder Divino que existe em você, assim sucede.

A oração da fé não contém dúvida e não comporta nenhum talvez.

A oração da fé é a identificação do pensamento com a realidade.

Certa vez, encontrei-me com uma jovem e lhe perguntei:

- Como é, Vanda, você já está empregada?

Ela olhou para mim e respondeu, com um sorriso nos lábios:

- Não estou e já estou!
- Como? – surpreendi-me.
- Estou mentalizando um trabalho como eu quero e onde eu quero, e sei que estou atraindo essa colocação. Tenho certeza.

Esta é a oração da fé – pensei comigo mesmo.

Dias depois, tornei a encontrar a Vanda e ela veio contar-me, muito feliz:

- Sabe, já estou trabalhando. Maravilha! Estou exatamente no tipo de atividade que estava mentalizando.
- E como foi que conseguiu?
- Eu estava conversando num grupo de amigas sobre trabalho e, no dia seguinte, uma amiga

veio me procurar para me dizer que, na empresa onde ela trabalha, havia uma vaga ótima para mim. Fui, deu certíssimo. Estou feliz.

A oração da fé é a própria realidade.

- Se você acredita, assim é – já havia ensinado o grande Mestre.

A FÉ É ENERGIA TODO-PODEROSA

Se você criar um pensamento positivo, deve adicionar nele a energia explosiva e potente da fé. De nada vale a espoleta, se não contém explosivo. O explosivo é a fé.

Ao proclamar algo para a sua vida, não esqueça de incluir o explosivo da fé.

Quando a fé explode dentro de você é como se explodisse a energia do próprio sol, é como se explodisse a energia de um vulcão, é como se explodisse a maior barragem do mundo.

Fé – força todo-poderosa, irresistível, avassaladora.

"Se tiveres fé e disseres a este monte, vai e lança-te ao mar e não duvidares em teu coração, esse monte se lançará ao mar" – exatamente isso já proclamava o Mestre Jesus.

Viu você? Ponha o explosivo da fé nesse monte e *PAM!* O monte explodirá e irá estourar lá no mar.

A fé é um dom que existe dentro de você. A fé não está fora de você.

- Vai em paz, a *TUA* fé te salvou – palavras do Mestre.

Se você tem fé, mesmo ficando em casa, tudo lhe será dado. Se não tiver fé, poderá peregrinar de santuário em santuário, de curandeiro em curandeiro, de milagreiro em milagreiro e nada lhe acontecerá. A única vantagem que poderá oferecer a busca da solução dos seus problemas em lugares e pessoas considerados milagrosos é que, de repente, algo pode fazer explodir a fé que existe dentro de si, então, poderá resultar o milagre.

Ponha fé em tudo o que você faz e verá que o milagre será seu companheiro inseparável.

Pela força da fé, eu já vi jovens curarem úlceras, estancarem hemorragias, fazerem cessar a dor, deixarem a cadeira de rodas; pela fé, eu já vi jovens tornarem-se autoconfiantes, seguros de si e vitoriosos nos seus empreendimentos; pela fé, já vi homens transporem a barreira do impossível.

- Tudo é possível àquele que crê – afirmação do Mestre.

O PENSAMENTO CRIA, O DESEJO ATRAI, A FÉ REALIZA

É a fé que faz com que os seus desejos se

tornem realidade física.

Pense, deseje e acredite. Pronto. Nada resistirá a essa fórmula da sua energia atômica interior.

Ao mentalizar algo, acredite que vai acontecer. Mais do que isso, acredite que já está acontecendo. Isso é fé. E tudo sucederá de acordo.

- Eu queria tanto que me acontecesse isso, mas não consigo!

Eis aí uma frase catastrófica. Enquanto você proferir essa frase, resultado zero. Porque falta o explosivo. Falta a FORÇA. Falta a ENERGIA INFINITA.

- Eu quero conseguir isso e vou conseguir; já estou conseguindo. Assim é agora e sempre.

Esta afirmação contém o explosivo mais forte do mundo. Todas as barreiras ruirão. E você conseguirá o objetivo, seja ele qual for.

Certo dia, apareceu no meu gabinete um jovem muito perturbado por um complexo: seu rosto estava todo cheio de espinhas e feridinhas, que lhe enfeavam a fisionomia; ele sentia-se mal e não queria mais nem sair de casa.

Dei-lhe a seguinte oração para que a mentalizasse à noite, de manhã, e sempre que quisesse sair de casa:

"Ligo-me agora e sempre na Presença Infinita, que está em mim, me ama, me cura e atende a todos os meus desejos sinceros e positivos. Pela lei infalível e todo-poderosa do PEDI E RECEBEREIS, ensinada por Jesus, sei que tudo o que desejo ME ACONTECE, por isso agora estou curado, meu rosto está limpo, saudável, bonito e atraente. Meu sangue flui cheio de perfeição e vitalidade, limpando definitivamente todas as impurezas e tornando agora o meu rosto perfeito como Deus o imaginou. Minha mente está límpida e só tenho pensamentos positivos. Sou forte, poderoso, bondoso, alegre e cheio de vitalidade. Sinto-me grande neste mundo abençoado. Perdoo a mim mesmo, perdoo a todas as pessoas e sinto-me perdoado. Agora tudo está bem comigo. Sou feliz e saudável. Estou imerso na harmonia e na perfeição divina. Assim é agora e sempre".

Soube depois que ele estava feliz, pois desapareceram os problemas no rosto, e seu semblante estava saudável, rejuvenescido, bonito.

O que foi que o curou? Foi a oração da fé.

Embora já tivesse experimentado médicos e remédios, os mais variados, sem resultado, a oração da fé, que tudo alcança, curou-o.

JESUS FOI O MESTRE DA FÉ

O poder da fé foi largamente ensinado por Jesus. Os inúmeros milagres, realizados pela ação da fé, comprovavam, a toda hora, a veracidade do

que afirmava o Mestre:
"Tudo é possível ao que crê".
"Pedi e recebereis".
"Seja feito conforme a vossa fé".
"Vai em paz, a tua fé te curou".
"Partindo Jesus, puseram-se a segui-lo dois cegos, que gritavam e diziam:
- Filho de David, tem compaixão de nós!
Quando entrou em casa, os cegos aproximaram-se dele. Jesus lhes perguntou:
- Credes vós que tenho poder de fazer isso?
Eles responderam:
- Sim, Senhor.
Então tocou-lhes os olhos e disse:
- Seja feito segundo a vossa fé.
E os seus olhos se abriram".
Você viu que a causa da cura foi a fé.
A sua fé é algo no qual você se transforma. Os cegos tiveram fé na visão e a visão se tornou realidade neles.
A fé se transforma em seu existir.
Todas as coisas, nas quais você acredita, vêm a você.
Na verdade, a sua fé é o seu Poder Infinito. A energia da fé é a própria onipotência de Deus se manifestando em você.
Que coisa mais estupenda!
Que poder incrível você tem!

Você tem o Poder Infinito que cria para si o mundo maravilhoso dos seus sonhos.

Erga a cabeça, pois.

Assuma a sua divindade.

Agora você é um jovem divinizado, poderoso, grande, forte.

Caminhe para frente com otimismo e com alegria.

Confie em si. Estenda as mãos, com energia, diante de qualquer barreira e a barreira explodirá pela força vulcânica da fé.

O primeiro milagre que você necessita é curar a cegueira dos seus próprios olhos, desses olhos que não queriam ver a força que você tem, que não queriam ver a beleza da vida, que não queriam ver as suas próprias qualidades, que não queriam ver o mundo bom no qual você está inserido.

Mas, agora se abriram os seus olhos e está vendo a própria grandeza; está vendo que todos os caminhos estão abertos; está vendo que a saúde existe em você, que a riqueza está a seu dispor, que todas as pessoas são tão maravilhosas quanto você, que Deus habita seu íntimo e sempre responde ao seu pensamento.

Maravilha! Maravilha! Maravilha!

ONDE SE SITUA A USINA ATÔMICA

Certa vez, eu fui visitar uma grande usina. Não me deixaram entrar. Só consegui ver uma casa muito grande, fios, pessoas que iam e vinham, nada mais. Se eu não soubesse, por outros meios, que ali havia uma grande usina, diria que tudo não passava de uma casa, pois fora isto o que eu vira. E uma casa era algo comum, coisa do dia-a-dia.

Talvez você também pense que você é seus sentidos, sua capacidade visível, sua inteligência e memória palpáveis, sua mente avaliável. Pois, se assim pensa, não sabe o principal. Desconhece a poderosa usina que existe dentro de si.

Sei de muitos jovens que, até agora, estão vivendo do lado de fora dessa usina e não perceberam o que existe dentro.

Quero abrir agora as portas a você. Esta é a sua grande oportunidade.

Provavelmente, tudo o que conhece de sua mente não passa de uma pequena parcela.

O famoso inventor Thomas Alva Edison já afirmava que nós não conhecemos mais do que um por cento da mente. Os mais otimistas dizem que conhecemos, no máximo, cerca de cinco por cento da mente. Quer dizer, você tem a maior usina atômica do mundo e só conhece a casa por fora.

Pode isso?

Segundo entendidos, cerca de vinte por cento da mente chama-se mente consciente. É a mente da qual você toma consciência. É a mente que capta pelos sentidos, que pensa, que raciocina, que decide, que imagina, que produz as suas angústias e neuroses. A mente consciente é o comandante do seu barco. O que acontece na sua vida é resultado do seu pensamento e o pensamento é produto da mente consciente. Pensamento é a sua palavra, a sua ideia, a sua crença, a sua imaginação, seus condicionamentos, suas impulsões, seus complexos, seus medos, seus traumas, seus hábitos, sua religião, sua ideologia, suas angústias.

Mas, se a mente consciente é uma pequena parcela da mente total, o que é da outra parte da mente?

Chama-se mente subconsciente, ou mente subjetiva, ou mente interior, ou mente cósmica. Na linguagem popular, chama-se simplesmente subconsciente.

Trata-se da mente mais profunda, quase totalmente desconhecida. Mas não deixa de ser a maior parte da mente total.

Mas é sumamente importante você saber como funciona o subconsciente, porque é no âmago da mente subconsciente que ocorre a ação da fé, a cura, a felicidade, a riqueza, o bem-estar, a paz, a saúde e todas as boas coisas da vida.

Em outras palavras, o seu subconsciente é o próprio Deus imanente em você; é o seu Poder Infinito; é a sua Sabedoria Infinita; é a Presença Infinita, por isso a sua mente é cósmica e você tem a dimensão do universo.

Quando você sabe como usar o subconsciente, então sim encontrou a chave do reino dos céus, de que falou Jesus.

SAIBA USAR O PODER INFINITO PARA O SEU BEM

O seu subconsciente não age por conta própria; é como um exército que vence as batalhas porque é dirigido por um general.

O papel do subconsciente é executar.

A mente consciente dita as ordens e a mente subconsciente as cumpre.

O seu "eu" consciente é responsável pelo que você é e pelo que acontece na sua vida, isto porque o poder interior do subconsciente cumpre as determinações do seu "eu" consciente.

Um caminhão, por exemplo, por si mesmo não anda e nem leva a lugar algum. É o motorista quem dirige o caminhão e ele pode conduzir o caminhão para o abismo ou para o destino desejado.

Veja bem, o subconsciente é acionado pelo seu pensamento, que é produto da mente consciente. É por isso que se diz que o subconsciente não raciocina e nem seleciona pensamentos, pois esta não é a sua função.

Se as coisas não andam bem na sua vida, comece a examinar urgentemente os seus pensamentos. São eles que estão criando realidades negativas em você, porque o subconsciente – volto a insistir – responde aos seus pensamentos.

Se você quer viver no reino dos céus, crie o reino dos céus na sua mente.

Se deseja ser alegre, pense alegria.

Se pretende ter muito amor na vida, pense amor.

Se busca riqueza, inunde a sua mente de riquezas explícitas.

Se procura vencer a timidez, pense que é corajoso.

Se está determinado a acabar com a tristeza, pense alegria.

Se almeja ser muito inteligente, pense que é muito inteligente.

O pensamento é uma realidade mental que se torna realidade física. Grave bem.

Há tempos uma jovem veio a mim e me disse:

– Eu não sei o que há comigo. Tenho todos os defeitos: sou tímida, insegura, me considero sem inteligência, sou feia e tudo dá errado para mim.

Se essa jovem estiver me lendo, já se conscientizou do que lhe acontece: é simplesmente o resultado dos próprios pensamentos programados em sua mente. Enquanto não modificar o padrão desses pensamentos, continuará sendo assim, mesmo que leia um milhão de livros pedagógicos, mesmo que faça mil anos de psicanálise.

EU QUERO FAZER REGRESSÃO DE IDADE

Tempos atrás, esteve comigo um rapaz. Extremamente inseguro, nervoso, frustrado, só falava que queria fazer regressão de idade para ver o que tinha acontecido com ele na infância.

Eu lhe expliquei:

- Você é hoje o resultado dos seus pensamentos de hoje. Se você hoje modificar o padrão dos seus pensamentos, hoje passará a ser outra pessoa, mesmo que o passado tenha sido complicado. Você está agora vivendo essa situação desagradável, não por causa do passado, mas porque está tornando o passado presente. A mente é como um computador. Enquanto você não desprogramar os choques, os traumas, as atribulações do passado, estes continuam atuando em você, diretamente ou através de associações. Suponhamos que, quando criança, você tenha visto um homem enforcado pela gravata do terno; pode acontecer que agora, já desaparecida a imagem nos porões da mente, toda a vez que você vê uma gravata, tenha uma sensação desagradável ou deteste usar gravatas e não sabe conscientemente por quê. Aquela reação que teve, na ocasião, está programada e volta a agir sempre que algo a ressuscita. Claro que outra pessoa poderia ter visto o homem enforcado pela gravata e isso não tenha causado nenhuma programação mental. Suponhamos, ainda, para dar outra comparação, que um dia, quando se encontrou com sua primeira namorada, vocês ficaram ouvindo uma música e isso marcou aquele momento. Agora, mesmo que não recorde mais o fato, toda vez que ouve aquela música, sente uma coisa boa, um envolvimento de amor, uma vibração suave e terna no coração.

Quando se trata de coisas ruins, você deve desprogramar sua mente e, ao mesmo tempo, reprogramá-la positivamente, caso contrário ela continuará reagindo automaticamente da mesma forma.

Seu subconsciente é o executivo, não discute ordens e nem lhe compete avaliar o que é bom ou ruim. Ao subconsciente compete simplesmente cumprir.

Como um computador, executa interminavelmente a mesma tarefa.

Certo dia, veio falar comigo uma jovem. Ela

estava desanimada porque não conseguia gostar de namorado nenhum. Depois de alguns encontros, rompia com ele. Isso a intrigava.

Fiquei sabendo, ao longo da conversa, que, há alguns anos, um namorado a levara a um apartamento e, como ela resistisse aos ímpetos sexuais do moço, este passou a agredi-la. O acontecimento havia desaparecido da memória, mas a reação se manifestava toda vez que iniciava os primeiros passos de qualquer namoro.

No caso dessa jovem, dois caminhos poderiam, entre outros, ser a solução do trauma: o primeiro caminho, fazer regressão de idade a fim de descobrir a causa porque rompia com o namoro; o segundo caminho, simplesmente criar uma nova programação mental consciente. Neste caso, nem precisa saber o que aconteceu e nem o porquê de tal atitude. Basta começar a mandar uma nova programação mental para o subconsciente. Este, que é o Poder atuante na mente, que é o executivo, ao receber a ordem, passa a cumpri-la, desativando a primeira.

Eu dei para a jovem a seguinte oração, que ela devia mentalizar à noite, de manhã, e algumas vezes por dia:

"Eu sou uma jovem saudável, normal, feliz, agradável, bonita, atraente, benquista e querida de todos. Sei que nas profundezas do meu subconsciente está o Poder Divino e a Sabedoria Infinita, que sempre agem de acordo com os meus pensamentos. Mergulho agora na harmonia e no Amor divino universal e me sinto envolvida pelo amor de toda a humanidade. Vejo em todo ser humano uma parte de mim mesma, vejo em todo ser humano a própria bondade divina, por isso me sinto bem entre as pessoas, principalmente entre os jovens com os quais eu converso, me encontro e tenho relacionamento de amizade e de namoro. Abençoo aquele rapaz do passado e lhe desejo muito amor e um ótimo casamento. Você é filho de Deus e só fará o bem às pessoas.

Eu sou guiada e protegida divinamente daqui por diante, por isso só podem me acontecer coisas boas.

"Eu estarei convosco todos os dias" – volta a me dizer sempre o Mestre Jesus, por isso nada me atemoriza, nada me perturba, nada e nem ninguém pode me prejudicar. O Poder Divino me defende. A Sabedoria Infinita me guia.

Sei que existe alguém, no mundo, que é a outra parte de mim, que me ama, que só quer o meu bem, que deseja me fazer feliz, que é a minha força e proteção. Invoco a Sabedoria Infinita, que está em mim, para que faça vir a mim o rapaz a quem darei todo o meu amor, a minha confiança, a minha fé, e a minha certeza de felicidade conjugal. Desde já eu o recebo de coração aberto, alegre e confiante. Venha logo, que eu o recebo de braços abertos e feliz. Nosso amor crescerá sempre mais e mais a cada dia. Uma aura de felicidade nos envolverá sempre mais e mais. Assim é agora e sempre".

VOCÊ É HOJE O QUE SÃO HOJE OS SEUS PENSAMENTOS

Se você me diz quais são os seus pensamentos constantes, eu lhe direi quem é você. E direi, ainda, qual será o seu futuro.

Emerson, o filósofo, poeta, vidente, que exerceu muita influência sobre a vida norte-americana, escreveu o seguinte: "Acreditais que eu sou filho das circunstâncias. Eu, porém, crio as próprias circunstâncias da minha vida. Deixai que qualquer pensamento ou motivo meu seja diferente daquilo que realmente são; a diferença transformará a minha condição e economia. Eu – este pensamento que é chamado eu – é o molde em que o mundo está vazado como se fosse cera fundida. Vós chamais o poder das circunstâncias, mas é, de fato, o meu poder... A história de César mostra o que foi César. Jesus agiu assim porque pensou assim".

Você é o resultado dos seus pensamentos. O pensamento molda a sua vida.

O seu pensamento fez você.

Seus novos pensamentos positivos de otimismo, de coragem, de fé, de alegria, de autoconfiança, de segurança interior, de grandeza de alma, de capacidade, de bondade, farão de você uma nova pessoa. Assim você se transforma no "homem novo", como fala São Paulo.

Quando você se considera um jovem tímido, inibido, apagado, antipático, é assim que os outros o verão.

Quando se considera um jovem agradável, elegante, bem apessoado, inteligente, comunicativo e bem-sucedido, é assim que os outros verão você.

A escolha é sua.

Ao invés de ficar remoendo o passado, crie um quadro mental da nova pessoa que deseja ser. Imagine-se idealmente.

Lembre-se que você não é passado. Você é o presente.

O passado não existe. A não ser que você o torne presente. É bom repetir essa verdade.

Você é hoje o que são hoje os seus pensamentos.

A SUA MENTE É O SEU MUNDO

O mundo exterior é sempre visto pelos olhos misteriosos da sua mente. Um lago é lindo se você pensa que é lindo; o mar é maravilhoso se assim você o imagina. Caminhar pelos campos é horrível se você pensa que é horrível.

O mundo é o que você pensa que ele é.

A vida é uma chatice se você pensa dessa forma.

A vida é uma festa se esta é a sua verdade.

" O reino dos céus está dentro de vós mesmos. Não está aqui ou acolá; está dentro de vós mesmos". Veja aí a sabedoria do Mestre. Ele já afirmava – há dois mil anos – que o reino dos céus está na sua mente. Quando você cria o reino dos céus na mente, então você já está dentro do reino dos céus.

Mas, o que é o reino dos céus?

É aquilo que você imagina que é. Se acredita que viver cheio de amor, de paz, de alegria, de saúde, de felicidade, de amizades, de riquezas, de bem-estar, com ótima atividade profissional, com a mente radiante de conhecimentos e cultura, vivendo prestigiado e admirado por todos, é o reino dos céus – comece a mentalizar todos esses valores dentro de si e, uma vez criado esse reino dos céus na sua mente, ele se tornará realidade na sua vida.

O reino dos céus, portanto, pode estar em qualquer lugar, a qualquer momento, em qualquer pessoa.

Você pode, a partir de agora, começar a vi-

ver no seu próprio reino dos céus.
Eis aí a chave do paraíso.
Tome-a. É sua.

NÃO EXISTE LUGAR RUIM: EXISTE MENTE ATORMENTADA

Se você está vivendo no reino dos céus, qualquer lugar em que estiver, torna-se reino dos céus.

Um dia, um jovem me disse que queria mudar de cidade porque não se sentia bem onde vivia, as pessoas eram sovinas e rudes, a comunidade era cruel e interesseira. Tempos depois, voltou para a sua terra natal, porque na outra cidade também as pessoas eram rudes, egoístas, interesseiras e a sua vida se tornara um inferno.

Enquanto esse jovem mantiver a mente obscurecida e negativa, todos os lugares serão ruins, porque o lugar e as pessoas são o que ele pensa e imagina que são. O problema não está no mundo exterior, mas no seu mundo interior.

JOGUE FORA OS MEDOS

Antes de tudo, saiba que você tem medo porque aprendeu a ter medo. Incutiram o medo em si e você aceitou essa programação, que agora o perturba e rouba-lhe uma imensa carga de energia.

Os medos são os monstros que habitam as cavernas do seu subconsciente. Ali estão eles assustando você e criando um mundo pré-histórico na sua vida.

Esses monstros, criados pelo poder da fantasia, têm um monte de nomes: medo da pobreza, medo da crítica, medo de enfrentar a vida, medo de rodar, medo de doenças, medo de sair de casa, medo do escuro, medo de falar num grupo de pessoas, medo de levar um fora das gurias ou dos rapazes, medo de se apresentar em público, medo de fracassar, medo de engordar, medo de assaltos, medo de acidentes, medo de bichos e cobras, medo de morrer, medo de ficar sozinho em casa, medo da solidão, medo de não casar, medo de ser rejeitado no amor, medo de não conseguir colocação profissional, e tantos outros que você criou.

Em primeiro lugar, ataque de frente o medo. Quando acende a luz na cara desses monstros, eles automaticamente desaparecem, porque apenas estavam pintados nas paredes da caverna. Eram nada mais que sombras. E você dará umas gostosas gargalhadas. Agora vamos enfrentar um por um:

MEDO DA POBREZA. Diga para si, com energia: "Eu sou filho de Deus e a riqueza do universo me pertence. Tudo o que desejo vem a mim em qualquer tempo e em qualquer lugar".

MEDO DA CRÍTICA. Diga: "Eu tenho em mim a Sabedoria Infinita, que me orienta e me guia. Ninguém é mais do que eu. Deixo que as pessoas falem o que quiserem, isso é problema delas. Eu sou o que sou e não o que falam. Sei que não posso torcer o pescoço das pessoas, por isso deixo que digam o que quiserem. Eu, no entanto, sigo o meu caminho alegre, feliz, descontraído, trazendo sucessos e mais sucessos para mim. Sei que a crítica é o melhor elogio que me fazem, porque só me criticam os que desejam estar no meu lugar. Estou no caminho certo. Deus me guia".

MEDO DE ENFRENTAR A VIDA. Mentalize: "Eu tenho Poder Infinito e Sabedoria Infinita em mim, que me abrem todas as portas e me apontam todos os caminhos da vida. Nada temo. A vida sou eu, por isso, nós dois, eu e a minha vida, seguiremos em frente de mãos dadas, felizes, porque cada passo nos trará sucessos, alegrias e bem-estar. Tudo dará certo para mim. Estou feliz e sigo em frente feliz".

MEDO DE RODAR NOS EXAMES. Mentalize: "A minha inteligência procede da Inteligência Infinita, por isso eu sou muito inteligente, tenho ótima memória e aprendo tudo com facilidade. Presto atenção na aula, estudo com calma e em paz, e SEMPRE TIRO NOTAS ALTAS. Passo de série todos os anos e sou um SUCESSO em todas as matérias".

MEDO DE DOENÇAS. Mentalize: "Há um Poder Curador Divino dentro de mim, que mantém a minha saúde e a recupera a qualquer momento. Eu sou saudável. Minha energia vital é mais forte do que qualquer infecção ou doença. Minha Força Interior sobrepuja e afasta vermes, vírus, micróbios, bacilos e bactérias nocivas. Eu sou forte, forte, muito forte".

MEDO DE SAIR DE CASA. Repita: "Deus está em mim e comigo, por isso sou sempre guiado e protegido divinamente. Eu e Deus somos a maior força do universo e nada e nem ninguém pode contra nós. Posso sair de casa sozinho de dia ou de noite e só me acontecem coisas boas. A Proteção Infinita me envolve e me defende".

MEDO DO ESCURO. Afirme: "Sinto sempre a suavidade, a beleza e a poesia do escuro. É na escuridão que encontro a minha grandeza. É graças à escuridão que posso ver o brilho lindo das estrelas e a poesia do luar. É na escuridão que meu sono se torna saudável. Deus é em mim e nós dois caminhamos firmes na escuridão. Quando eu durmo, Deus vela e contra Deus ninguém pode. Meu anjo protetor sempre está ao meu lado e me defende. Eu gosto da escuridão. Eu gosto da noite. Como me faz bem, me dá paz de espírito e me alegra o coração!"

MEDO DE FALAR NUM GRUPO DE PESSOAS. Diga: "Todos gostam de mim. Eu sou muito inteligente e tenho uma conversa fluente, amena e agradável. Sou benigno e compassivo com as pessoas. Nunca falo mal de ninguém. Procuro ver o lado bom de tudo e de todos e falo sobre esse aspecto de cada um, por isso todos gostam de mim, me admiram e adoram a minha presença e a minha conversa".

MEDO DE LEVAR UM FORA. Mentalize: "Respeito o modo de pensar e de ser de cada um e sou respeitado. Todas as pessoas me admiram, gostam de estar comigo e adoram a minha sinceridade. Sou simples e afável. Atraio as pessoas e nossa conversa é cordial, amiga e sincera".

MEDO DE SE APRESENTAR EM PÚBLICO. Afirme: "Eu irradio uma atração toda especial quando falo em público e todos me admiram. Todos gostam da minha simplicidade, da minha espontaneidade, do meu pensamento positivo, da minha visão otimista da vida. Expresso-me de forma clara, minha voz é agradável, minha memória é firme, e sempre tenho sucesso quando me apresento em público".

MEDO DE FRACASSAR. Repita: "Eu sou um sucesso. Não acredito em fracasso. Todos os meus passos conduzem-me para frente, para o sucesso, para os resultados que desejo. Estou sempre subindo, crescendo, progredindo. Sou GUIADO DIVINAMENTE e tudo dá certo para mim. Não me perturbo quando não enxergo resultados imediatos. Sei que sou orientado pela Sabedoria Infinita e permaneço em paz, confiante e tranquilo".

MEDO DE ENGORDAR. Diga: "Meu corpo é o resultado da minha mente. Estou alcançando o meu peso ideal. Sou elegante, bem-visto, leve, saudável. Meu porte é ereto, meu corpo atraente, meu rosto simpático. Todos os alimentos, sejam quais forem, me tornam sempre elegante, magro e saudável. Sei que a minha mente e o meu pensamento fazem o meu corpo, por isso me imagino, desde já, maravilhosamente bem física e mentalmente".

MEDO DE ASSALTOS. Mentalize: "Deus está em mim e comigo. Ninguém pode assaltar a Deus, por isso ninguém pode me assaltar. Estendo meu pensamento fraternal e amigo a todas as pessoas e só passarão por mim pessoas de bons sentimentos. Acredito com toda fé na proteção divina".

MEDO DE ACIDENTES. Diga: "A Luz Divina sempre me acompanha e a Sabedoria Infinita, que sabe tudo sobre tudo e sobre todos, me guia pelo lugar certo, na hora certa, no transporte certo. Meu veículo, eu, e as passoas que estiverem comigo, estão agora envoltos na Luz divina que defende e guarda, por isso sigo meu caminho tranquilo, em paz, alegre e certo de que vou e volto divinamente guiado e protegido. Assim é e assim será".

MEDO DE BICHOS E COBRAS. Diga: "Todos somos criaturas do mesmo Deus, do mesmo Pai, por isso nós nos amamos, nos entendemos e, assim como eu não faço mal a vocês, vocês não fazem mal a mim. Somos UNO neste universo de Deus e convivemos em paz, bem-intencionados e cheios de boa vontade".

MEDO DE MORRER. Repita: "Para mim só existe a Vida. Eu sou a Vida. A Vida sempre é, por isso eu nunca morro: apenas passarei, algum dia, muito distante, para a outra dimensão da vida permanente, eterna e feliz. Deus é a Vida e Deus está em mim, portanto sempre me ouve. "Pai, sei que Tu és o Poder da Vida, sei que Tu sempre me atendes, por isso Te agradeço porque me darás uma vida longa, abençoada, frutuosa, feliz e cheia de realizações".

MEDO DE FICAR SOZINHO E DA SOLIDÃO. Diga: "Eu gosto de mim, por isso sempre me sinto maravilhosamente bem na minha própria companhia. Nunca me sinto solitário. Amo a mim mesmo, amo tudo o que tenho e o que faço, amo o universo no qual eu vivo, amo todas as pessoas. Todas as pessoas são parte de mim, jamais poderei ser solitário. O mundo é o meu paraíso e cada ser humano me ama tanto como eu o amo; cada ser humano deseja tanto a minha convivência como eu desejo a dele. Estamos juntos, unidos, felizes e abraçados, no mesmo barco".

MEDO DE NÃO CASAR. Diga: "Sei que existe alguém que é a minha outra metade. Sei que esse alguém está esperando por mim. Abro o meu coração para você e convoco a sabedoria Infinita, que existe em mim, para encontrar você e trazer você para mim. Desde já nos amamos e somos felizes. Assim é e assim será".

MEDO DE SER REJEITADO. Mentalize: "Eu sou filho de Deus perfeito e o universo é o meu mundo. Sou uno com o universo e todos os seres são parte da minha grandeza, por isso me sinto bem com tudo e com todos, e tudo e todos se sentem bem comigo. Isso é maravilhoso. Eu sou benquisto, amável, agradável, simpático e querido. Todos adoram a minha presença e eu irradio alegria e carinho".

MEDO DE NÃO CONSEGUIR EMPREGO. Afirme: "Sei que tudo o que desejo eu consigo, porque há um Poder Infinito dentro de mim, que tudo me alcança, conforme o meu pensamento. Acredito, pela Lei do Pedi e Recebereis, que estou atraindo minha colocação ideal, onde me sinto bem, progrido, e sou otimamente remunerado. Sei que há um lugar para mim e deixo que a Sabedoria Infinita me informe e me conduza para lá. Aceito, seja qual for a condição e situação, porque sempre é necessário subir o primeiro degrau para atingir o alto da escada da vida. Estou feliz, confiante, certo, agradecido, pelo emprego que já está me acontecendo e prometo dar o melhor de mim nessa atividade".

MEDO DO CHEFE OU DA AUTORIDADE. Diga: "Você é parte de mim e eu sou parte de você. Sei que você é pessoa boa, compreensiva, justa, inteligente, correta e de boa vontade, assim como eu sou bom, compreensivo, justo, inteligente, correto e de boa vontade. Eu respeito você e você me respeita. Aceito você como é, irradio para você sucesso, saúde, paz, amor e felicidade. Nós nos entendemos bem. Trabalhamos coordenados pela justa e reta ordem divina. Somos iguais como são iguais todos os filhos de Deus".

MEDO DA DEMÊNCIA. Repita: "Minha mente é fagulha da Mente Divina, por isso eu sou lúcido, inteligente, tenho discernimento e vejo todas as coisas como são na verdade. Minha mente é sempre límpida como a água cristalina da Fonte Infinita. Não cultivo pensamentos negativos, por isso não haverá poluição na minha mente. E agora limpo totalmente a minha mente de toda poluição do passado e deixo que a Luz Divina me ilumine em todas as decisões. A Sabedoria Infinita me orienta corretamente e estou sempre tranquilo e em paz".

VOCÊ É LIVRE E PODEROSO

Deixe que a sua mente saia a vaguear sem rumo por este mundo afora. Sinta-se agora livre como um pássaro no céu... Sinta-se livre como a água da chuva...

Cante comigo a canção da liberdade.

Você já é, em si, uma canção de liberdade: seus olhos são livres para enxergar a imensidão deste mundo... Seus braços são livres para colher, tocar, sentir, suavizar, acariciar, acolher, saudar, tomar... Seus pés são livres para caminhar, correr, viajar... Sua mente é livre para pensar, criar seu mundo de alegrias, de paz, de amor, de felicidade, de bem-estar, de saúde, de amizades, de bondade... Seus lábios são livres para sorrirem... Sua boca é livre para dizer palavras positivas, otimistas, agradáveis e que traduzam as belezas deste mundo abençoado...

Seu coração é livre para amar...

Você é livre, livre, livre para semear tudo o que deseja colher na vida.

Você é livre para viver num mundo de abundância e fartura.

Você é livre para se realizar no amor, no sexo, no casamento...

Você é livre para curar os seus complexos e traumas...

Você é livre para mandar embora seus medos, suas preocupações e problemas.

Você é livre para ser feliz hoje, aqui e agora.

Este é o seu maior dom: a liberdade. A liberdade que faz você do tamanho da divindade.

Não, ninguém impede você de ser feliz e de se realizar na vida. Só você é que cria a sua infelicidade, usando mal este dom divino.

Quando se queixa da vida, lembre-se que é livre para mudar agora mesmo a sua situação. Nada e nem ninguém pode barrar o seu caminho, quando você quer realmente usar a força todo-poderosa da sua liberdade.

Você é livre para ser forte, positivo, otimista e bem-sucedido.

Você é livre para vencer na vida.

Você é livre para chegar até aonde deseja.

Não se queixe dos pais. Você é livre para construir a sua vida.

Não diga que os outros atrapalham a sua caminhada. Você é livre para dar a volta por cima e seguir em frente com a alegria do triunfador.

Não há obstáculo intransponível para quem sabe que é livre e todo-poderoso.

Impossível é palavra que só existe no dicionário dos fracos, dos medrosos e dos prisioneiros de si mesmos.

Tudo é possível para você que é livre.

Seja grande e livre.

Hasteie agora mesmo a bandeira radiante da liberdade.

Você é livre. Tudo o mais é com você.

CAPÍTULO III

ABRA AS COMPORTAS DA INTELIGÊNCIA

Considera-se pessoa inteligente? Responda em cinco segundos.

Sua resposta verdadeira deve ser afirmativa: "Sim, eu sou muito inteligente!"

Talvez pense que algumas pessoas nasceram mais inteligentes do que outras, mas isto é engano. Não há e não pode haver discriminação por parte do Criador. Todos os seres humanos são filhos de Deus, que a todos ama igualmente e a todos dotou de inteligência ilimitada.

A sua inteligência, portanto, é inesgotável.

Mesmo que encontre dificuldades de aprendizagem, você tem a inteligência dos grandes gênios da humanidade.

Thomas Alva Edison foi mandado para casa

após três meses de aula, pois, segundo o professor, não aprenderia nada. E se tornou um grande inventor, porque deixou que a chama da genialidade incandescesse a sua mente.

Você tem a genialidade dentro de si.

Grandes homens também foram combatidos e diminuídos. Não deixe morrer a genialidade que existe em si.

Vá para a escola com a confiança dos grandes talentos. Os Mestres da humanidade não foram mais do que você. Apenas souberam usar melhor a inteligência. Mas, agora você também vai usar melhor a sua inteligência e o seu brilho lhe dará imensas alegrias.

Você há de ter lugar ao sol.

Mesmo que lhe tenham chamado de burro, de quadrado, de atrasado, em verdade você é muito inteligente.

Não renuncie à sua inteligência.

Mesmo que encontre muita dificuldade em aprender matemática, geografia, português, ou qualquer outra matéria, continuo afirmando categoricamente que você é muito inteligente.

Quando Alberto Santos Dumont, o pai da aviação, era garotinho, gostava de brincar com a criançada da sua idade e, lá pelas tantas, vinha o jogo das perguntas:

- Passarinho voa?

- Voa – respondia Alberto.
- Borboleta voa?
- Voa – dizia o garoto.

E, então, a pergunta de sempre:
- Homem voa?
- Voa – respondia invariavelmente o pequeno Dumont.

As crianças se irritavam diante de tamanho absurdo, mas o garoto insistia teimosamente:
- Voa, sim. Homem voa.

Naquela época, antes do ano 1900, era difícil imaginar que o homem pudesse voar, mas para o garoto, o genial Santos Dumont, isso era possível. Mais tarde, indo estudar em Paris, foi lá que, após muitas experiências, Santos Dumont conseguiu voar no famoso "14-Bis", deixando eufórica e estupefata a humanidade inteira.

Você também tem inteligência acima do que dizem os outros.

Você pode tudo o que deseja poder.

Só há um limite para o ilimite da sua inteligência: você. Sim, só você pode colocar limites na sua inteligência. A sua inteligência é como um imenso rio caudaloso, cujas margens e cuja profundidade ainda não foram alcançadas. Mas, se começa a colocar obstáculos, pedras, barragens, troncos, rochas e toda espécie de empecilhos, o rio vai ficando represado a tal ponto que daí para frente só um fiozinho de água passará. Então, você, aqui embaixo, exclamará:

- Puxa vida, é apenas um fiapo de água!

Não, o rio continua existindo, grande imenso, ilimitado. Tire as barreiras colocadas e ele voltará a correr caudaloso, gigante, imenso.

Assim é a sua inteligência.

Você tem inteligência infinita, mas, se aceitou como verdade quando lhe chamaram de burrinho; se aceitou quando disseram que não consegue aprender matemática; se acreditou quando lhe disseram, desde a infância, que, se não estuda muito, não consegue aprender – então, hoje você está se considerando de pouca inteligência e, por isso, aprende tudo com dificuldade.

É que o seu subconsciente sempre responde aos seus pensamentos e é programado de acordo com o que você recebeu e aceitou na sua infância ou em qualquer fase da sua vida.

Mas, agora sabe que a sua inteligência não tem limites a não ser os que você colocar e, por isso, vai tirar todos os obstáculos e vai criar uma nova programação mental positiva para que o seu subconsciente passe a responder de acordo.

Mentalize, daqui por diante, com convicção e decisão:

"Eu sou muito inteligente. Eu tenho inteligência infinita, porque a minha inteligência é parcela da Inteligência Infinita. Limpo a minha mente de toda programação negativa do passado. Eu agora sou muito inteligente. Tenho a inteligência dos grandes gênios, aprendo tudo com facilidade e tenho ótima memória. Gosto de todas as matérias que estudo, presto atenção, aprendo em seguida, e sempre tiro ótimas notas. Porque eu sou muito inteligente e todos já o reconhecem. Assim é agora e sempre".

COMO VOCÊ DEVE ESTUDAR

Quanto mais fortemente você imprime uma mensagem na mente, mais facilmente a recordará, quando o desejar.

Sua mente revela mais força e mais energia na proporção da sua concentração.

Quando você se concentra, a luz da sua mente se volta para dentro e ilumina mais fortemente o campo de focagem, gravando com mais intensidade aquilo que está fazendo.

Quanto mais difuso e esparramado o foco da luz, menos ilumina.

Quando você deseja estudar, escolha um lugar silencioso, solitário, acalme a mente, relaxe, respire profundamente algumas vezes e faça a seguinte prece:

"Eu sou muito inteligente, aprendo tudo com

facilidade e tenho ótima memória. A Sabedoria Infinita está em mim e me ilumina, de tal forma que tudo se torna fácil para mim. Minha mente está agora voltada com toda a sua energia para essa matéria que vou estudar e nada mais me preocupa. Entro em profunda concentração, tenho discernimento, gravo fortemente o que desejo e posso repetir com perfeita memória. Assim é e assim será".

Agora comece a estudar, concentrando a sua atenção unicamente sobre o conteúdo que deseja aprender, criar, ou solucionar.

Quanto mais profundamente você se envolver nesse estudo, mais limpidamente e mais facilmente aprenderá e guardará na memória.

Se antes levava duas horas para aprender uma matéria, assim levará bem menos tempo. E não esquecerá, porque aprendeu em estado de alta energia mental.

OS NÍVEIS DE CONSCIÊNCIA

Quanto mais profundamente você se inclinar para dentro de si, maior será a sua força interior.

Existem, segundo os entendidos, quatro níveis de consciência: beta, alfa, teta e delta.

O nível mental comum, no qual se encontra cerca de noventa por cento da humanidade, nas suas horas diárias normais, chama-se NÍVEL

BETA. É o nível mental objetivo, analítico, ligado aos planos externos da consciência; é o nível no qual se produzem as suas ansiedades, tensões e atividades físicas. Esse nível é o mais fraco e, medido por aparelhos cerebrais, acusará uma frequência média de 21 ciclos por segundo.

Quando você está demasiadamente ansioso, ou em pânico, ou nervoso, ou excitado, ou amedrontado, ou raivoso, ou irritado, essa ciclagem cerebral vai subindo mais e mais. À medida que sobe a frequência cerebral, diminui a capacidade mental. É assim que se explicam as bombas que você leva nos exames, vestibulares e testes de emprego, quando chega lá em pânico, tomado de nervosismo. Nesse caso, você tem enormes dificuldades de lembrar as coisas e fica muito confuso.

Mas, se você relaxa, acalma a mente, se concentra, assim estará entrando num nível mais profundo, a que se dá o nome de NÍVEL ALFA. Este é o nível mental ideal para estudar. Neste nível, abre-se o campo da sua inteligência e da sua memória; a intuição se manifesta; sua criatividade aumenta muito; e as soluções dos problemas se apresentam de forma mais clara e simples. Você entra neste nível quando baixa a frequência cerebral para 14 ciclos por segundo, em média. Aliás, este é o nível ideal para a vida humana, pois a energia em alfa é uma energia poderosa, ativando seu poder curador, abrindo as comportas das faculdades interiores, como a clarividência, a telepatia, a transmissão de pensamentos, a adivinhação.

Tudo o que você manda para o seu subconsciente, neste nível mental, ele reagirá com mais rapidez e força, produzindo mais rapidamente a realização dos seus pensamentos e desejos.

Procure estudar sempre neste nível e verá que todas as matérias lhe serão fáceis.

Ao entrar na aula, esqueça as brincadeiras, a conversaria, as bobagens, e se concentre naquilo que o professor está explicando. Sua concentração estará em alfa quando você estiver ligado somente no que diz ou faz o professor. Se assim proceder, tudo lhe será fácil, em pouco tempo absorverá o conteúdo escolar, e você brilhará entre os primeiros da aula, ganhando sempre notas altas.

Mesmo que não tenha tido tempo de preparar a matéria escolar em casa, saiba que tudo que viu e ouviu na aula já está na sua mente. Em nível alfa é mais fácil recordar. Ao fazer os exames, portanto, relaxe, acalme a mente, respire profundamente, concentre-se, invoque a Sabedoria Infinita, mentalize a nota que deseja e passe a responder as questões.

- Como se chega ao nível Alfa?

- Pelo relax, pela calma, pela meditação, pela contemplação, pela mentalização, e também pela oração.

A MENINA QUE ALCANÇOU AS NOTAS QUE PRECISAVA

Um dia, uma jovem me contou que se aproximava o dia do exame escolar e ela precisava ganhar nota máxima na prova a fim de não rodar. Além de estudar confiantemente, passou a mentalizar a nota dez na folha de sua prova. A imagem da nota dez sempre se aprofundava mais e mais na sua mente, pela mentalização e pela repetição.

- No dia do exame – contava ela – ao receber a folha das questões, eu disse para a professora:
- Dez, professora!
- Dez?! – exclamou incrédula a mestra.
- Sim, dez, professora!

Começou então a responder as questões e tudo lhe pareceu fácil e do seu conhecimento.

Ao entregar a prova, a jovem não se conteve e pediu carinhosamente para a professora corrigir ali mesmo o seu exame.

Para sua alegria total, acertou tudo e tirou DEZ.

Nas vésperas do vestibular de 1981, eu dei, em Santa Maria, um curso visando ajudar aos vestibulandos a acionarem as forças da mente para terem êxito nas provas. Uma das coisas ensinadas era que mentalizassem o número de questões que desejavam acertar em cada prova.

Dias depois do vestibular, após a palestra das quartas-feiras, que, na época, realizava no meu auditório, um rapaz veio agradecer-me porque conseguira passar no vestibular, e me contou que mentalizara em cada prova o número de questões acertadas e sempre dera certo. Estava feliz.

RELAX E MENTALIZAÇÃO ANTES DA PROVA

Uma professora, amiga minha, passou a adotar um método que lhe rendeu ótimos resultados.

Toda vez que ia dar uma prova aos seus alunos de matemática, fazia, antes de tudo, um relax com eles e lhes mandava mentalizar a nota desejada.

O relax, já por si, era extraordinariamente benéfico, pois levava os alunos a fazerem a prova em estado de calma, com a mente mais lúcida e aberta, e, ainda, a mentalização da nota acionava o subconsciente nesta direção.

Mesmo que o seu professor não faça relax antes dos exames, você pode acalmar a sua mente, relaxando e respirando profundamente, até que sua atenção se fixe apenas no conteúdo da prova. Faça assim e terá ótimos benefícios. A inteligência e a memória se manifestam com mais intensidade na mente calma, profunda, interiorizada.

CAPÍTULO IV

VIVA NO MUNDO LINDO DO AMOR

A coisa mais maravilhosa que podia acontecer na sua vida é o dom de amar. O que seria deste planeta se não houvessem as flores?
O que seria de você sem amor? Você seria aridez total, vazio, inexistência.
Amar é viver.
Viver é amar.
O amor produz energia fantástica em você. Seus olhos brilham de um fulgor diferente; seu rosto se ilumina de uma luz diferente; seu corpo vibra uma vibração diferente; sua alma rescende divindade; seu coração irradia perfume inebriante.
E a humanidade toda sente o fascínio da sua atração. Você atrai a agradável convivência dos seres humanos como o ímã atrai a limalha para junto de si.

O amor é a energia divina que faz a humanidade girar na mesma órbita.

Tire o amor do mundo e o mundo se desintegrará.

Tire o amor de si e você se desintegrará, assim como um asteroide se desintegra na atmosfera.

Você é porque ama.

JUVENTUDE É AMOR

Esta é a quadra da vida em que o amor se incendeia facilmente. É o patamar da vida em que o amor o unifica com o universo. E você sente arroubos de empolgação e desejos incontidos de abraçar toda a humanidade, na ânsia de fazer com que o universo pulse ao ritmo do seu coração.

É lindo!

É fascinante!

É divino!

Não deixe que o amor envelheça. Não aceite que o amor se esvaia. Não permita que o amor perca a força, assim como o cimento envelhecido perde a sua força.

Juventude é vitalidade.

Amor é vitalidade.

Acredite no amor.

Enquanto você acreditar no amor, permanecerá jovem.

O AMOR ATRAI

Quando uma jovem me disse que se sentia só, sem sorte no amor, e que os jovens fugiam dela, eu lhe respondi:

- O amor atrai o Amor. Ponha amor no seu coração e verá que os jovens e todas as pessoas adorarão a sua companhia. O mel não atrai as moscas? Sim, é o mel que atrai as moscas e não o vinagre. Adoce o seu coração com o mel do amor, da bondade, da generosidade, da alegria, da comunicabilidade, da simplicidade, e verá que o milagre do amor acontecerá em você. Só o amor fala plenamente a mesma linguagem de todas as pessoas. É claro que, se você não irradia amor, estará sempre falando sozinha. Ame a si mesma, goste de si, ame as outras pessoas na sinceridade do seu coração e, então, será tão fácil viver envolta num mar de amizades e, assim, encontrar o seu Amor.

Pedi para essa jovem mentalizar a seguinte oração:

"Eu nasci do Amor, existo por amor e sou amor. A chama suave e envolvente do amor me ilumina o rosto e agora eu me sinto bonita, atraente, simpática, querida e benquista. Eu amo todas as pessoas, principalmente aquelas com as quais me encontrarei hoje. Amo e irradio amor. Quero o bem de todos, vejo boas qualidades em todos, sorrio para todos, acredito e confio em todos e tenho a singeleza e a segurança interior de me aproximar de todos. Ninguém pode me prejudicar porque o Poder Infinito sempre me protege e a Luz Divina sempre me guia e me ilumina. Meu rosto irradia o fascínio do amor e o meu coração está todo florido e perfumado, e as pessoas gostam de estar comigo e sentem esse perfume misterioso e envolvente.

Agora eu sou feliz e vivo cercada de amizades maravilhosas. Assim é e assim há de ser sempre".

A jovem começou a mentalizar essa oração diversas vezes por dia e toda vez que ia se reunir a algum grupo de pessoas.

Tempos depois, veio me contar que sua vida estava cada vez mais linda e que agora sim acreditava nas pessoas e se via imersa num círculo maravilhoso de amizades.

Quando ninguém ama você, quando o mundo é apagado, saiba que não são os outros que não têm amor e nem é o mundo uma desgraça, mas o problema é você. Você só pode ver as outras pessoas e o mundo através dos seus próprios olhos. Feche os olhos e não verá ninguém ao seu redor. Abra os olhos e verá as pessoas ao seu redor. Abra os olhos do coração e verá o mundo mais lindo do que nunca.

O mundo é você.

Ame e o mundo será, para você, uma canção de amor.

Ame e o Amor virá a você.

- Dai e dar-se-vos-á – já dizia o Mestre Jesus.

Mas você só poderá dar o que tiver.

MEU DEUS, COMO VOCÊ É UMA PESSOA LINDA!

O amor forma um halo em torno de si, tal como a auréola que você vê ao redor da cabeça dos santos.

Você já deve ter visto, muitas vezes, aquele halo lindo, colorido, às vezes todo branco, em torno da lua. Que toque de poesia e de encantamento o luar produz em você! Que fascínio misterioso encerra uma noite de luar! É como se o seu coração começasse a se embalar suavemente pela brisa do entardecer ao som de uma canção de ternura extasiante.

Você é jovem. O luar sempre existe no seu coração. O halo do amor sempre existe em você, por isso nunca se considere pessoa feia.

Imagine-se uma criatura linda e assim será.

Imagine-se uma pessoa feia e essa imagem será captada pelos outros.

A beleza exterior vem de dentro. É por isso

que se diz que o rosto é o espelho da alma.

Todos os seus pensamentos negativos, seu espírito virulento, suas revoltas, seus tédios, seus ódios, suas invejas, suas maldades, seu egoísmo, sua solidão, sua tristeza, sua depressão, seu nervosismo, suas preocupações, seus problemas, se manifestam no rosto, gerando configuração antipática. Se assim você é, existirá em torno de si uma energia negativa, que repele as pessoas.

Mas, se os seus pensamentos são positivos, de alegria, de amor, de paz, de compreensão, de tolerância, de bondade, de magnanimidade, de segurança interior, de harmonia, de liberdade, de coragem benigna, de felicidade, de sucesso, de fé nas pessoas, a sua aura será luminosa, envolvente, atraindo as pessoas e produzindo nelas simpatia muito grande. Assim, você se torna como uma árvore frondosa e acolhedora à sombra da qual todos gostam de descansar. Neste caso, haverá em você um atrativo misterioso a que se dá o nome de empatia.

Lembre-se que pensamento é energia. Positiva ou negativa.

Recorde que o pensamento se materializa.

Com esses conhecimentos, você pode construir o mundo maravilhoso dos seus sonhos.

Agora você sabe o caminho simples e fácil para se tornar aquela jovem ou aquele jovem simpático, bem-sucedido, acolhedor, atraente e poderoso!

Com esse halo doirado, você já não é mais uma pessoa feia. E nunca mais o será.

A partir de hoje, todos verão em você qualidades maravilhosas, coração de ouro, fisionomia cativante, corpo envolvente, mente sadia e positiva.

E quem não gosta de uma pessoa assim?

O ELOGIO APROXIMA

Quando aquela jovem falou amargamente durante uma hora, acusando os colegas de serem tratantes, pilantras, burros, idiotas, chatos, injustos, e passou a criticar acerbamente a vida particular de cada um - ficou meridianamente claro a razão porque vivia isolada, sem amizades, sem prestígio. Nada afasta tanto você dos colegas como falar mal da vida deles. Isso é o pior defeito que uma pessoa possa ter no convívio com seus semelhantes.

Respeite para ser respeitado.

Deixe que os outros sejam como quiserem. Não queira ser o reformador das pessoas e do mundo. Mesmo porque seria necessário começar reformando, antes de tudo, suas próprias atitudes negativas.

- Não julgueis e não sereis julgados – eis o

que ensinava o Mestre. – Com a mesma medida com que medirdes, sereis medidos – completava ele, profundo conhecedor das leis da mente.

Na verdade, a Lei é esta: "Tudo o que você planta, você colhe". Se semear ventos, colherá tempestades. Se semear críticas, colherá solidão e desprestígio.

Mas, se você semeia harmonia e amizades, colherá harmonia e amizades multiplicadas.

Seja diferente. Elogie. Procure as qualidades de cada pessoa de suas relações e aproveite o momento adequado para ressaltá-las.

Elogie. Elogie. Elogie. Mas, sinceramente, do fundo do coração.

A energia positiva e benéfica do elogio produz tanta vitalidade física, mental, emocional e espiritual que você nem imagina. Toda palavra contém a energia da sua própria natureza. Se você oferecer energias revitalizadoras, estimulantes, é claro que será amado, admirado, respeitado e benquisto.

- Toda árvore boa produz bons frutos – volto a citar o grande sábio Jesus.

Numa outra ocasião, falou ele:

- Não faça aos outros o que não deseja que façam a você.

Aí está uma filosofia de vida ao alcance de qualquer pessoa, por mais rústica que seja. Mas, trata-se, ao mesmo tempo, da filosofia de vida mais sábia, mais justa e mais compensadora.

Revise a sua vida e prometa-se sinceramente a ter um coração amigo, compassivo, justo, tolerante e agradável. Esparrame sorrisos de boa vontade. Semeie palavras generosas. No começo, isso poderá exigir algum esforço, mas, depois, será hábito natural e normal.

E você será a pessoa mais benquista da face da terra.

Eu serei o primeiro a adorar a sua companhia.

O DIA DO AMOR

Todos os dias são dia do amor. Porque o amor é a essência da vida humana.

Tire o sol do nosso planeta e a terra morrerá.

Tire o amor da vida humana e a vida morrerá.

Mas, o calendário anual estabeleceu, como dia do amor, o Dia dos Namorados.

Certa vez, escrevi para essa data a seguinte crônica:

"Hoje é o Dia do Amor.

Eu mergulho nas profundezas do meu ser e vejo que amar é viver.

Porque eu amo, eu vivo. Vivo na pétala das

flores. Vivo no cantar dos pássaros. Vivo nas dobras de cada veste que me cobre. Vivo no brilho das estrelas e na maciez do luar. Vivo no encantamento da música. Vivo na fragrância sensual de cada beijo. Vivo na dança de cada sentimento afetuoso.

Amar é viver.
Se eu amo, eu vivo.
Mas, onde estás tu, fonte do eterno viver?
Em você.
Em você?
Mas, e se você não me amasse?
Você nunca poderá deixar de me amar, pois é parte de mim mesmo, assim como eu sou parte de você. Se você se ama, você me ama. Se eu me amo, eu amo você.

Somos um no universo.
Somos o todo e a parte da unidade perfeita.
Mesmo que não esteja na minha órbita solar, estará na minha galáxia.
Por isso, Dia do Amor é Dia Universal.
Dia dos Namorados é dia do Amor Encarnado.
E o Amor se fez Carne e habitou entre nós dois.
Desde então, vivemos juntos na cabana do amor, comendo a comida do amor, bebendo a água do amor, usando a roupa do amor, sonhando os so-

nhos do amor, brincando os brinquedos do amor, perdoando o perdão do amor, falando a linguagem do amor.

O amor morre?

Mas, a vida morre?

Não, a vida não morre, porque a Vida é. A vida me transcende.

Então, meu amor não morre; transcende essa encarnação em você.

Mas, se eu descobrir o elixir da eterna encarnação do amor, não haverá outra encarnação.

O elixir?

Sim, descobri.

É fundir agora os nossos dois corações num só.

Um só, indistinguível, indelimitável, indesmanchável.

Um só é um só. Um só.

Você já não sabe se o seu coração é o meu e se o meu é o seu.

Eu já não sei mais quando amo a mim mesmo e quando amo você.

Um só. Um só é um só.

Quando você pensa, sou eu que penso.

Quando eu falo, é você que fala em mim.

Quando eu amo, você é a própria essência do meu amor.

Esse é o dia do nosso amor.

E o dia do nosso amor é a eternidade.
Porque nosso amor SEMPRE é".

ACREDITE NOS RAPAZES

Certa vez, uma jovem me disse:
- Eu sou uma infeliz! Todas as minhas amigas têm amigos e namorados, mas eu não tenho ninguém. Até pareço a gata borralheira. Detesto essa vida. Os rapazes só querem me iludir. Ninguém fica comigo. Eles são detestáveis!

Na verdade, essa jovem não sabia que o pensamento atraía a realidade do seu conteúdo.

Não eram os jovens que fugiam dessa menina; era ela que os espantava. Seus pensamentos negativos eram como pauladas que enxotavam os rapazes. Ela detestava os rapazes, desconfiava deles, não acreditava neles. Todos esses pensamentos nefastos se refletiam nela e se projetavam nos rapazes que, não se sentindo bem na sua companhia, a abandonavam de vez.

A mente de cada pessoa é como um aparelho receptor e emissor. Emite as vibrações dos pensamentos e sentimentos e recebe as vibrações dos pensamentos e sentimentos dos outros.

Eu disse para aquela jovem que devia mudar o padrão dos seus pensamentos. Precisava criar uma imagem agradável e benévola a respeito dos rapazes.

– Mas, como eu posso criar uma imagem agradável e benévola deles se eles não prestam? – se insurgiu ela.

– Ninguém a prejudica a não ser você mesma. Só você pode prejudicar você. Quando dá amor, boa vontade, amizade, alegria, carinho, bondade, pelo simples fato de criar essa coisa boa em si, já a está recebendo, em primeiro lugar, você mesma. É a Lei do Retorno. Desse ponto de vista, amar sempre lhe traz vantagem, mesmo que, eventualmente, o outro não corresponda. Quando você ama, a energia do amor se processa em você e lhe produz o bem-estar correspondente. Além disso, quando você dá amor, boa vontade, amizade, alegria, carinho, bondade, nenhum jovem deixará de retribuir, porque o bem sempre retorna multiplicado. Esse jovem, ou aquele outro, pode não estar interessado em casamento, como pode não sentir forte atração por você a ponto de namorá-la, mas não deixará de conviver com a sua amizade. Você, portanto, nunca sairá perdendo quando oferece bons sentimentos.

O que acontece com muitas jovens, como essa, é que primeiro querem receber, provar, testar, desconfiar, para depois oferecer seus sentimentos benfazejos. Faça você o contrário, porque essa é a Lei ensinada pelo Nazareno: "Dai e dar-se-vos-á".

Uma pessoa complicada arruma complicações, porque a Lei de que "o semelhante atrai o semelhante" sempre funciona.

Seja sempre uma pessoa simples, agradável, tranquila, segura de si, simpática, positiva e otimista. Assim, terá multidões de jovens chegando até você.

CADA UM PROPÕE O QUE QUER

Se algum rapaz lhe propõe algo que não lhe interessa, algo que significa uma ofensa a você, simplesmente recuse e agradeça. Quando você toma atitude calma e decidida, isso revela muito mais segurança e firmeza do que xingar, agredir, chorar e fazer cena. Lembre-se que nunca poderá tapar a boca dos homens, mas pode tranquilamente escolher e aceitar apenas o que lhe interessa.

Quando uma jovem me diz que foi seduzida, eu até acho engraçado. Sim, engraçado que alguém, em pleno século vinte e um, diga que foi seduzida, o que significa dizer: "Eu não sabia de nada, ele me passou a conversa!" Claro que você sabia tudo, só que não se dispôs a evitar.

Você é pessoa todo-poderosa. Dona de si. Só acontece na sua vida o que você quer ou permite.

Não tenha medo de nada.

Sinta-se guiada e protegida divinamente.

Cultive os pensamentos daquilo que deseja que aconteça e não daquilo que você deseja que não aconteça.

Ninguém pode mais do que você sobre si.

Assuma, a partir de agora, sua grandeza e seu poder.

E todas as coisas darão certo na sua vida.

"Ninguém lançará mão de ti para te fazer mal" – palavras da Bíblia.

VOCÊ ATRAI O QUE PENSA

Certo dia, uma jovem me confessou:

- Estou chateada! Incrível, eu só atraio homens casados na minha vida!

O que acontecia com essa jovem era que ela só tinha pensamentos de medo permanente de entrar numa "fria", como dizia ela. Tinha tanto medo de namorar e se envolver com homem casado, que acabava atraindo-os na sua órbita.

O medo é um pensamento muito forte, é uma vibração emitida numa determinada frequência, que acaba sendo captado por pessoas cujos pensamentos vibram nessa mesma frequência.

"Os iguais se atraem" – já diz uma lei da mente.

Aconselhei essa jovem a irradiar pensamentos de simpatia e de amor só para jovens solteiros e fiz a seguinte oração para ela mentalizar:

"Meu coração é livre, jovem, cheio de amor e está atraindo o coração de um rapaz livre, jovem, solteiro, cheio de amor.

A Sabedoria Infinita, que habita o meu íntimo e que sabe tudo sobre todos, está atraindo para as minhas amizades e para a minha convivência apenas jovens solteiros, agradáveis, bons e sinceros, desejosos de uma vida a dois.

Limpo a minha mente de todo pensamento negativo.

Só penso positivamente. Acredito nos jovens e sei que estou atraindo para mim o rapaz ideal da minha vida. Assim é agora e sempre".

MINHA NAMORADA ME TROCOU POR OUTRO

Não existe infelicidade ou azar no amor, para quem acredita que tem Poder Infinito.

Se deseja ter um Amor na vida, existe alguém que deseja ter o seu amor.

Nós vivemos num mundo de dualidade.

Dê um relance de olhos pelo mundo afora e verá que é assim: a corrente positiva e negativa da eletricidade; homem e mulher; céu e terra; finito e infinito; assim por diante.

Se deseja ter uma casa, existe uma casa para

você; se quer um carro, existe um carro para você; se pretende vender um campo, existe alguém que deseja comprar o seu campo.

Se você deseja ter um Amor na vida, existe alguém que deseja ter o seu amor. Há uma alma gêmea à sua procura.

Foi por isso que o Rabi ensinou a Lei do PEDI E RECEBEREIS. Tudo o que deseja existe. Tudo o que é desejável é realizável. Todo pedido já traz consigo, no seu bojo, o recebimento.

Se deseja ter um Amor na vida – volto a insistir – existe alguém que deseja ter o seu amor.

Não se amargure, portanto, se a pessoa que você namorava rompeu o namoro e desapareceu.

Não se apavore se o seu noivo ou a sua noiva desistiu definitivamente de você e partiu em busca de outro Amor.

Claro, não me refiro a briguinhas de namorados, que hoje entortam o nariz e amanhã voltam às boas. Essas briguinhas são o resultado do ajustamento de duas personalidades desconhecidas que agora se encontram e jogam seus mundos diversos um sobre o outro.

Eu estou falando aqui a respeito dessa pessoa que você amava tanto, pela qual estava apaixonado ou apaixonada, e que entendia que era a companheira ou companheiro da sua vida, mas ela foi embora definitivamente. Se você é pessoa positiva, tudo que acontece é para algo melhor.

Um dia, um rapaz veio falar comigo, extremamente aflito e deprimido, porque a jovem que ele tanto amava abandonou-o e já estava namorando outro, feliz da vida.

- Alegre-se, pois agora deixou-lhe o caminho aberto para que encontre o seu Amor, já que não era ela.

- Mas é a ela que eu amo. Só a ela. E não posso esquecê-la. Penso nela dia e noite. Não tem jeito. Não consigo me livrar dela.

- Meu bom amigo, num primeiro momento, essa é uma reação natural. O relacionamento de vocês era todo feito de emoções e um relacionamento emocionalizado sempre dói na hora em que se rasga. Mas, logo, logo, a ferida cicatriza, tudo fica em ordem e em paz, e você vai ter certeza de que isso foi o que de melhor poderia acontecer-lhe, pois agora sim você encontrará o seu verdadeiro Amor.

- Mas, é ela o meu verdadeiro amor.

- Estou desde já feliz por você – disse-lhe eu. – Isto foi o trailer. Se o trailer lhe trouxe tantas satisfações, imagine a felicidade imensa que vai lhe acontecer quando encontrar o verdadeiro Amor da sua vida. Vocês formarão unidade de afetos e sentimentos. Aí, sim, você vai gritar aos quatro cantos da terra, como Arquimedes: "Heureca! Heureca!",

quer dizer, "Achei! Achei!"
- Mas, eu não consigo esquecê-la...
- Quando você diz que não consegue esquecê-la, seu subconsciente continua atendendo esse pedido e a mantém na sua mente. O seu subconsciente – que é a central atômica encarregada de atender aos seus pensamentos – só tirará essa jovem da sua cabeça quando lhe oferecer outra imagem em substituição. Além disso, seu verdadeiro e grande Amor só virá a você quando lhe der espaço no coração. Então, a partir de agora, mentalize:

"Obrigado porque você se foi, deixando meu coração livre para receber o meu verdadeiro Amor. Não importa como aconteceu e nem o que aconteceu. Seja como for, muito obrigado. Foi bom ter acontecido, porque agora meu caminho está aberto e o meu verdadeiro Amor vem vindo na minha direção. A Sabedoria Infinita, que existe em mim, sabe onde você, Amor, está e está guiando você para mim. Sei que você também anda à minha procura, por isso nosso encontro será uma festa de amor. Venha, estou de braços abertos para recebê-la. Você é uma criatura maravilhosa, tão querida quanto a imagino. Venha. Venha. Agora meu coração está com todas as portas abertas para você. Desde já estou amando você. Venha, nosso amor será o nosso mundo encantado. Muito obrigado desde já pelo nosso amor".

MENTALIZAÇÃO PARA VOCÊ ENCONTRAR O SEU AMOR

No livro O Poder Infinito da Sua Mente, de minha autoria, escrevi uma mentalização para quem deseja atrair o seu Amor. Essa mentalização está também gravada em Cd. Vou transcrevê-la aqui para você, que está sofrendo porque seu Amor deu o fora; para você, que teve de deixar alguém; para você, que anda à procura do seu Amor:

"Sei e acredito que o meu amor é ilimitado.

Se alguém, que eu amava tanto, se foi, esse alguém não levou o bem mais precioso que eu tenho, que é a capacidade de amar.

Se alguém, que eu busquei durante tanto tempo na minha vida, ainda não chegou, eu sei que agora vem vindo na minha direção. O meu coração está aberto e cheio de amor para dar.

Sim, eu tenho dentro de mim um coração cheio de amor e, como pela lei da mente, o semelhante atrai o semelhante, o meu amor está atraindo para mim um grande Amor.

Jesus, o maior sábio de todos os tempos, disse, certa vez, que tudo o que eu pedir, ao Pai, em oração, crendo, eu receberei. Tudo. Um grande Amor também. Principalmente um grande Amor. Porque o amor é a razão de ser da vida de qualquer pessoa. Ele afirmou esta sentença porque entendia do poder da mente. Ele sabia e lembrou que tudo o que é desejável é realizável, desde que eu tenha fé decidida de que assim é e assim será.

Eu acredito que minha mente subconsciente está ligada na mente subconsciente de todas as pessoas do mundo, por isso a inteligência infinita da minha mente subconsciente sabe onde está a pessoa que me ama, que combina comigo, que adora estar comigo e que quer me fazer feliz.

A Sabedoria Infinita, que existe em mim, sabe como é o meu coração, sabe dos meus sentimentos e desejos e, portanto, sabe que eu desejo amar e fazer feliz essa pessoa que anda à minha procura e que é parte de mim.

Desde o momento em que a minha mente saiu em busca de um Amor, sou como uma metade que está atraindo a outra metade, cuja união e fusão, formarão uma unidade perfeita, harmônica e completa. Foi isso mesmo que disse Deus, na Bíblia: "E os dois serão um só corpo e um só espírito".

Isso é maravilhoso!

Minha mente agora é um aparelho transmissor que está emitindo uma mensagem de amor para todos os recantos da terra, onde quer que exista um ser vivente, e sei que há uma pessoa querida, maravilhosa, terna e amorosa, como a imagino, que está sintonizando minha mensagem e vem vindo na minha direção.

Muito obrigado a você, Amor, porque você já está em mim e comigo.

Adoro a sua beleza. Adoro a sua personalidade sadia e inteligente. Adoro seu coração cheio de afetos e de sentimentos lindos e profundos a meu respeito. Adoro a sua capacidade de compreensão e o apoio que já está me dando. Adoro o seu sorriso puro e o seu entusiasmo por tudo aquilo que eu faço e por tudo o que eu desejo da vida. Adoro a sua presença calma e confiante. Adoro seu espírito criativo, que sempre tem surpresas para me encantar e para avivar o nosso amor.

Sabe, é admirável como você é exatamente a pessoa com a qual eu sempre sonhei. Até mesmo este seu espírito aberto e positivo, que sabe levar a vida com fé e otimismo, é bem como eu queria.

Eu tenho um coração cheio de ternura para dar a você.

Eu guardo um amor inesgotável para dar a você a cada momento do dia.

Eu respeito você, assim como você é, com essas qualidades, com essas ansiedades, com essas fraquezas, com essa imensa boa vontade.

Você pode contar sempre comigo, nas horas boas e nas horas amargas.

Nosso amor está crescendo desde já, sempre vivo e livre, porque é na liberdade que o amor mais cresce e mais se aprofunda.

Amo os seus ideais e você ama os meus ideais.

Olha, eu não quero reformar e nem escravizar você. Nem você quer me escravizar e nem me reformar; nós, no entanto, nos entendemos, nos estimulamos, nos ajudamos e dialogamos calmamente até encontrarmos a Verdade, que não é minha propriedade e nem sua propriedade. É isso que nos mantém unidos e enlaçados no amor perene.

Sei que não estou sonhando e que não estou dizendo utopias.

A sua mente é una com a minha, por isso já nos conhecemos e, tendo conhecido você dentro de mim, devo encontrar você fora, pois esta é a lei universal da mente e, por consequência, é a Lei do Criador, a Lei do Pedido e do Atendimento.

Muito obrigado porque você recebeu e ouviu o meu chamado.

Entre. A porta do meu coração está aberta para você.

Entremos e brindemos o nosso amor.

Eu sei que tudo isso já está realizado na Mente Divina e agora concluído e realizado em nós.

Muito obrigado, Pai.

Muito obrigado a você, por ter vindo.

Obrigado pelo nosso amor. Obrigado do fundo do meu coração e da minha mente.

Assim é agora e sempre".

AQUELA JOVEM PERDEU O NOIVO E QUERIA MATAR-SE

Um dia, recebi uma carta de uma jovem. Nessa carta, ela relatava lances dramáticos da sua vida, que a levaram à beira da morte, porque o noivo a havia deixado, dizendo que não a amava mais.

Essa jovem estava nessa situação desesperadora, quando ficou sabendo do curso sobre O Poder da Mente que eu realizaria em Santa Maria. Resolveu fazer o curso. A última sessão, dedicada exclusivamente ao AMOR, produziu nela um benefício tão imenso, que a levou a escrever-me uma carta, cujos tópicos principais ofereço a você, porque há de ser uma grande força nas suas horas de dor e de desespero:

"...Eu estou ótima desde o curso que o senhor ministrou.

Eu havia feito uma tentativa de suicídio, na qual eu fiquei seis dias em coma. Isso porque o meu noivo disse que não gostava mais de mim.

Estava me tratando com psiquiatra, mas sem resultado. Meu estado de depressão após era total: não comia, não dormia, só chorava e pensava nele.

Após arrumar os papéis para me encostar no INPS fui para a cidade "Tal", onde moram meus pais.

Não vivia, vegetava. Meus pais, desesperados, e os médicos, queriam internar-me num hospital psiquiátrico.

Até que meu pai, chorando, me pediu que eu reagisse; ele pagaria qualquer médico que eu quisesse consultar.

Aí eu viajei para Santa Maria e fiquei sabendo do seu curso.

Fui e gostei e minha mente se libertou do meu ex-noivo.

Eu comecei a sorrir para o mundo por nada; me sentia leve e feliz. Passei um bom Natal e um feliz Ano Novo com meus pais.

Fiz meus exames médicos e já estou de volta ao trabalho. Estou ótima no trabalho.

Desde o curso, eu comecei a mentalizar a Oração Para Quem Perdeu o Amor.

Então, eu queria um novo Amor, já que ele não gostava mais de mim. Mas, eu soube que ele esteve me procurando, pois não sabia que eu estava viajando. E agora que retornou das praias, veio logo me procurar. Está modificado; parece um homem totalmente apaixonado.

Era um amor novo, mas é o velho que voltou novo.

Eu pedia à Sabedoria Infinita que ele encontrasse a sua metade, assim como eu, e eis o que aconteceu.

Bem, dos males o menor, pois eu o amo também."

E a carta prossegue com outros assuntos.

Veja você, jovem, que coisa maravilhosa a redenção dessa moça. Depois que descobriu o Poder Divino que havia no seu íntimo, encontrou a solução imediata do seu problema e tudo ficou resolvido.

Você, que chora desesperadamente a perda de um grande Amor, leia mais uma vez a carta acima, e faça a mentalização do AMOR, que foi transcrita no capítulo anterior.

E acredite, como essa jovem acreditou, que o seu verdadeiro Amor vem vindo na sua direção.

Há jovens que querem usar todo o poder interior para trazer de volta o ex-namorado ou ex-namorada e insistem, até, que eu faça uma oração poderosa para tal fim. Mas, veja bem, se essa pessoa, que você deseja reacender o namoro acabado, não é a sua verdadeira metade, sua vida amorosa com ela seria complicada, insatisfeita, conflitada. Seria o mesmo que querer juntar a metade de uma laranja com a metade de um limão.

Faça como essa jovem da carta: mentalize que o ex-noivo ou ex-namorado encontre o verdadeiro Amor e mentalize para você também encontrar o seu verdadeiro Amor. Se for o mesmo, tudo dará certo e haverá a reconciliação. Se for outra pessoa, ela virá a você e serão mais felizes do que nunca.

SEXO E AMOR

Agora, sente-se aqui ao meu lado, vamos ter uma conversa que deve ir além dos hábitos e costumes, além dos tabus e preconceitos, além do que os outros dizem e pensam, além dos interesses particulares.

Vamos falar um pouco sobre sexo, essa maravilha divina que faz com que todo o seu ser vibre como a orquestra mais fantástica do universo.

Bata palmas para a Sabedoria estupenda que inventou o sexo.

Quando você começa a pensar no Inventor dessa corrente elétrica de prazer, que faz vibrar cada fibra do seu corpo, em uníssono com a sua mente e o seu coração, numa fusão e perfeição indescritíveis, exclamará que a realização sexual põe em movimento perfeito e sincronizado um universo tão imenso e fabuloso como o próprio universo exterior que você vê nessa maravilha das constelações estelares e na ordem admirável da natureza.

Quando você faz amor, exerce um poder tão divino e fascinante como o poder que criou o mundo.

E o mesmo Poder que criou o mundo criou o sexo.

O mundo foi criado para a delícia da humanidade; o sexo foi criado para a delícia dos seres humanos.

Deus é o autor do mundo; Deus é o autor do sexo.

E tudo o que Deus cria é bom.

Que absurdo você encarar o sexo como mal, como mácula, como mancha, como pecado!

Limpe da sua mente todas essas imagens negativas.

Tudo o que Deus cria é bom, saudável e perfeito.

O sexo foi criado por Deus e só Deus poderia ter criado esse milagre inebriante.

Quando, pois, você realiza o amor, está se servindo desta maravilhosa criação divina.

Deus criou o mundo para ser o seu paraíso de delícias.

É ridículo imaginar que tivesse criado esse mundo exuberante, imenso, grandioso, cheio de belezas e de riquezas, e tivesse pensado em colocar nesse mundo um ser nascido da sua divindade, feito à sua imagem e semelhança, para passar sacrifícios, viver na renúncia, na dor, nas privações e no sofrimento.

O sexo é mais uma maravilha da bondade

divina para a alegria dos filhos de Deus.

Quando você faz amor, ao invés de ficar remoendo seus complexos de culpa sem fundamento, grite de felicidade no fundo do seu ser: "Obrigado, meu Deus, só tu poderias ter criado tanta coisa boa para mim!"

QUANDO VOCÊ PODE USAR ESSE BENEFÍCIO DIVINO

É preciso entender que o que é intrinsecamente bom é sempre bom.

Sexo é como banquete. Mas, você sempre tem a liberdade de escolher se quer ou não participar do banquete. Nem toda a hora é hora de banquete, assim como você pode se exceder num banquete e ter uma forte dor de estômago. Ao ter uma forte dor de estômago, não é por isso que vai concluir que todo banquete é condenável.

O que eu quero dizer é que você sempre usará o bom senso que Deus lhe deu para discernir o que é bom, quando é bom e como é bom.

Você sabe que se a sua mente só pensa em sexo e sexo, isso não é bom e vai prejudicar a sua vida diária. Seus compromissos e seus estudos entrarão em colapso.

Não é porque a cerveja é uma coisa gostosa que você vai ficar noite e dia tomando cerveja.

Tudo tem seu momento, sua lógica, sua oportunidade, não é mesmo?

Além disso, você sabe que fazer sexo pode trazer outros resultados, como a gravidez.

O sexo tem sido reprimido através dos tempos, não pelo que é em si, mas pelos resultados desagradáveis que podia trazer à sociedade e às pessoas.

Vê-se, na Bíblia, que no início só era permitido o casamento entre parentes e isso tinha a finalidade de conservar no povo eleito a união religiosa. Se os filhos e as filhas pudessem casar com gente de outras religiões, esse processo poderia desintegrar a unidade religiosa e a crença num só Deus, uma vez que os demais povos eram idólatras.

Posteriormente, para evitar o refinamento da raça, tornou-se uma aberração o casamento entre parentes.

Como, ainda, o exercício sexual entre solteiros poderia acabar criando família num momento em que não havia condições mínimas para tal, surgiu a necessidade de proibir e reprimir a relação sexual antes do casamento.

As epidemias provocadas pelas doenças venéreas, em épocas anteriores à descoberta dos antibióticos, foram razões graves para combater as relações sexuais antes do casamento.

Note, pois, que não é o sexo em si que é um

mal, mas tornou-se um "mal" de acordo com as necessidades dos povos.

Você, por exemplo, sabe perfeitamente que a relação sexual pode produzir uma nova vida. E essa nova vida, gerada agora que você é solteira, e com uma pessoa com quem não deseja viver, ou não tem possibilidade de casar, como é que fica? Pense nos resultados.

Lembre-se que, assim como é livre, é igualmente responsável por seus atos.

Um dia, uma jovem veio chorando me contar que um rapaz a tinha engravidado e agora negava e não queria assumir.

- Essa é sempre uma hipótese possível. Quando você faz alguma coisa livremente, lembre-se de analisar que você poderá ter que arcar com os resultados.

Atualmente, há que pensar bastante e com a cabeça fria antes de uma relação sexual à solta, por aí, devido ao risco iminente de AIDS.

EU SOU VIRGEM

Quando aquela jovem me disse, toda orgulhosa, que era virgem, para mim essa era uma informação simples e neutra, como dizer que não extraiu nenhum dente, que usa óculos, ou que não os usa.

Uma pessoa é o que é a sua mente e o seu coração. Como eu teria vibrado de contentamento se essa jovem me tivesse dito que era uma pessoa positiva, otimista, alegre, compreensiva, agradável, feliz, bondosa, magnânima, segura de si, autoconfiante, entusiasta e idealista!

Ter hímen ou não ter hímen não faz o caráter de ninguém e nem é garantia de casamento bem-sucedido. O sucesso e o insucesso do casamento se estabelecem na mente das pessoas que casam. O desconhecimento da mente é que é a causa do malogro dos casamentos. Que adianta você ter uma membrana a mais se é uma pessoa triste, insegura, dura, exigente, intransigente, que se magoa, que não perdoa, que não sabe irradiar paz e boa vontade?

O sucesso do casamento depende do cultivo do amor, da mútua ajuda, da compreensão, da capacidade de perdoar, dos sentimentos sadios, do cultivo da alegria, do senso de liberdade, do diálogo, do respeito mútuo e da boa vontade de um e outro.

BEM-AVENTURADOS OS PUROS DE CORAÇÃO, PORQUE ELES VERÃO A DEUS

Um dia, Jesus sentou-se no alto de uma

montanha e logo aproximou-se dele uma multidão de pessoas, para ouvi-lo.

Ele, então, proferiu o seu famoso Sermão da Montanha. Era o sermão das bem-aventuranças.

Uma das bem-aventuranças ensinadas pelo Mestre foi essa:

- Bem-aventurados os puros de coração porque eles verão a Deus.

Você emprega seguidamente a palavra puro na sua vida diária. Você fala em ar puro, em água pura, em café puro, em atmosfera pura, em vinho puro, em leite puro, em brisa pura, em céu puro, assim por diante.

Puro quer dizer sem mistura, sem alteração, sem poluição.

Ar poluído é ar cheio de pós, sujeiras e micro-organismos prejudiciais.

Quando Jesus fala em coração puro, o faz em contraposição a coração poluído.

Coração poluído é coração cheio de ódios, mágoas, tristezas, sofrimentos, angústias, desesperos, preocupações, problemas, medos, complexos, traumas, sentimentos de culpa.

A poluição é provocada pelo pensamento negativo.

Coração puro é o coração que só tem amor, paz, alegria, boa vontade, sinceridade, carinho, compreensão, confiança, fé, bondade, felicidade, calma, segurança interior, altoastral.

Somente um coração neste estado positivo é que consegue ver a Deus, que está no íntimo de cada um.

Quando você está mergulhado no lodo e na poluição mental, não consegue ver a Deus, porque Deus é a alegria, a paz, o amor, a bondade, a calma, a fé, a felicidade, enfim, o BEM.

Quando achava que Jesus falava em pureza como sinônimo de virgindade, ou castidade, veja bem que ele esclarecia dizendo *PUROS DE CORAÇÃO*; ele não se referia a alguma parte do corpo, mas à mente límpida, sem neuroses, sem nervosismos, sem revoltas, sem pessimismos e sem negativismos, sem ódios, porque uma mente com esse tipo de impurezas não consegue ver a Divindade dentro de si, devido à forte poluição espiritual.

Deus é o Bem. Mergulhe no Bem e você estará mergulhado em Deus.

SERÁ QUE É ELA O MEU AMOR MESMO?

- Estou em dúvida. Antes eu pensava que ela era o amor da minha vida; namoramos bastante tempo, já noivamos, mas agora estou em dúvida. Ontem encontrei outra moça, que está me entusiasmando mais. Até mesmo aquela jovem que eu conheci no ano passado, parece atrair-me mais do que a minha noiva agora... Que é que eu faço?

- Se, na ausência, você se lembra muito dela, é sinal que você a ama; se, quando se ameaçam de romper com tudo, ou se separam momentaneamente por causa de alguma briga, você não a esquece, eis aí mais um indício de amor. Mas, se está realmente mergulhado em dúvida insolúvel, faça a seguinte mentalização, à noite, quando vai dormir, e outras vezes ao dia:

- A Sabedoria Infinita, que existe em mim, sabe tudo sobre mim e sabe qual é a pessoa que é a outra parte de mim, que combina comigo, que me faz feliz e que me ama, em verdade, assim como eu a amo, por isso vai me REVELAR o meu verdadeiro Amor, de forma clara e definitiva, e vai me conduzir ao meu verdadeiro Amor. Sigo a orientação. Agora liberto a minha mente de todo medo ou preocupação. Sou orientado e guiado divinamente e tudo está dando certo para mim. Muito obrigado".

Faça essa mentalização e tenha a certeza de que você receberá a informação precisa e clara e as coisas vão se encaminhar corretamente.

A sua mente subconsciente é cósmica e universal, por isso sabe tudo sobre tudo e sobre todos. Sabe tudo sobre essa jovem que você noivou, sabe tudo sobre todas as outras jovens do mundo, e agora, que foi convocada por você, responderá à sua pergunta de forma inequívoca. Não há, pois, nenhuma razão para ficar aflito e passar noites sem dormir. A Sabedoria Infinita, ou o Pai, como chamava Jesus, que está no seu âmago, responderá ao seu apelo.

Veja como é fácil resolver as situações e ser feliz.

Entenda, no entanto, que a sua pessoa amada não é perfeita e vocês dois devem usar o Poder e a Sabedoria Infinita para irem se aperfeiçoando sempre mais e mais no amor, na liberdade, na bondade, no bom entendimento, na tolerância, na alegria de viver e na paz de espírito.

Quem sabe usar as potencialidades do seu subconsciente, em cujas profundezas está o Pai, sempre alcança sucesso em tudo o que decide e realiza.

QUANDO É QUE EU POSSO CASAR?

Você pode casar quando está maduro para a vida e, consequentemente, para o casamento.

A idade madura varia de pessoa para pessoa.

Você pode ser ainda criança com vinte anos, com vinte e cinco ou com trinta anos, e, enquanto estiver nessa fase mental, não é de bom alvitre casar.

Estará maduro para o casamento quando

sabe o que quer, quando deseja estabilizar a sua vida, quando não mais se interessa pelas baladas da noite, quando entende que a vida a dois é o ideal para você, quando acha que ele ou ela é tudo que você queria na vida, quando ambos conseguem sustentar economicamente a vida conjugal, quando você já gosta de voltar para casa, quando se sente uma pessoa segura, calma, autoconfiante e tem o comando sobre seus impulsos, quando não se deixa influenciar negativamente por amigos e amigas. Se passar pelo teste acima, estará apto para dizer o sim na igreja.

Antigamente, as pessoas casavam cedo, contribuindo muito para isso o hábito vigente, o desejo de libertar-se do comando dos pais, o medo de não casar, a vontade de prelibar o exercício sexual, violentamente combatido fora do casamento.

Hoje esses motivos já não fazem sentido.

Você casa quando deseja maduramente viver com alguém porque vocês se amam e querem compartilhar a vida, num mundo de paz, de felicidade e de bom relacionamento.

Quanto mais demora o dia do casamento, mais garantia de sucesso você, teoricamente, pode ter, pois atingiu um grau maior de maturidade.

Lauro Trevisan

SÓ CASE POR AMOR

Atualmente, já estamos nos distanciando dos casamentos por conveniências familiares, por prestígio social, por causa da riqueza, ou para ter alguém que sustente.

Só existe casamento quando este é feito por amor. E só o amor tem a força capaz de sustentar e alegrar um casamento.

Não case por dinheiro porque é muito mais barato pedir dinheiro emprestado num banco.

Quantas pessoas têm casado porque o outro ou a outra tinha muito dinheiro e, tempos depois, quando viram que conseguiram ganhar fortuna por si, seu casamento tornou-se azedo ou foi água abaixo.

O importante é casar por amor, pois tudo o mais lhe é dado por acréscimo.

Pessoa que não casa por amor já casa divorciada.

O amor é a fagulha divina que ilumina, aquece, engrandece, dinamiza, solidifica e dá aquele toque romântico à vida a dois.

O amor acende a chama do sexo.

Amor é a essência do casamento.

Somente a escada do amor levará a vida de vocês a alturas indescritíveis, de onde curtirão o prazer, a felicidade, a paz, o luar, e a delícia da nova vida que vem: o filho.

QUEM CASA QUER CASA

Você é jovem e, às vezes, se sente tão empolgado para casar que aceita qualquer situação ou qualquer solução para as dificuldades existentes.

Conheço muitos casais novos que solucionam o problema da moradia indo residir com os pais dele ou dela.

Se pretende solucionar sua situação precária assim, permita que eu pense com você:

- Sei que esses pais são maravilhosos, estão bem intencionados, querem tanto bem a vocês, desejam ajudar, mas eles já são uma vida estruturada, moldada, enquadrada em padrões determinados, e vocês estão começando a vida a dois, sem maior organização, sem padrões de comportamento, tentando se ajustar e se entender. Diante dessa situação, os pais vão querer interferir para ajudá-los e aí tudo começa a complicar. Mesmo que eles não se metam na vida de vocês, é quase impossível vocês viverem a própria vida e eles viverem a vida deles, sem haver choques, diferenças, pressões, e outras coisas semelhantes. O meu conselho é este: viva debaixo de uma ponte, se for o caso, mas não viva na casa dos pais. Estou exagerando para dizer que, antes de casar, preparem a casa ou apartamento onde morarão, com independência. Assim, construirão a vida tranquilamente, buscando os próprios caminhos, e, ao mesmo tempo, contarão sempre com o amor e o apoio dos pais.

Até nisto é evidente a sabedoria de Jesus: E deixarão o pai, a mãe, os irmãos, a casa, e irão fazer a sua vida.

Saiba que o método mais simples e fácil de conseguir a sua casa é mentalizá-la. Você tem poder criador. Crie a sua moradia mentalmente e acredite na lei do PEDI E RECEBEREIS.

DESEJA CASAR?

Suponhamos que são noivos e desejam casar. Use o seguinte método: coloque-se numa posição confortável, feche os olhos, relaxe, respire calmamente e crie um filmezinho mental no qual você se vê colocando a aliança no dedo dele ou dela; ou, então, crie um filme mental em que você se vê entrando na igreja, no dia do casamento, ao som dos acordes da marcha nupcial...

Repasse esse filmezinho, de poucos segundos, na tela da sua mente algumas vezes por dia, para gravar cada vez mais profundamente no seu subconsciente. Como o subconsciente não distingue entre imagem e realidade, tratará de materializar essa visualização.

Use, sempre que puder, a técnica da imagem para alcançar os seus objetivos.

Segundo Émile Coué, que viveu nos princípios do século vinte e se dedicou a curar exclusivamente pela sugestão, a imaginação é mais poderosa que a vontade. No conflito entre a vontade e a imaginação, diz ele que a imaginação sempre vence.

Na verdade, você não é o que quer ser, mas o que imagina ser. Não lhe acontece o que deseja, mas o que imagina que vai acontecer.

A imagem tem mais força até mesmo do que a palavra.

Já dizia um provérbio chinês que vale mais um quadro do que mil palavras.

Napoleão Bonaparte afirmou que "a imaginação governa o mundo".

A imaginação cria, dá forma, materializa as ideias, os desejos, as invenções; é usada pelos grandes homens, pelos artistas, médicos, inventores, empresários, escritores, escultores, músicos, estadistas, governantes e por todas as pessoas que usam seu poder criador.

Imagine o que você deseja, visualize, dê formas nítidas e concretas mentalmente e verá que, em breve, o subconsciente tornará essas imagens realidade.

Tudo aquilo que você imagina, e mantém firme na mente, deve materializar-se infalivelmente.

Eis aí porque o seu casamento, visualizado na sua tela mental, será uma realidade na sua vida.

CAPÍTULO V

O SUCESSO AO SEU ALCANCE

Não importa qual seja o seu ponto de partida. Daqui para frente você enveredará pelo caminho do sucesso profissional.

Se agora você é pobre e sem recursos; se é filho de pais pobres; se não tem dinheiro nem para comprar comida; se tem que usar sempre as mesmas roupas – tudo isso não importa mais.

Porque agora você vai descobrir a mina da riqueza.

Não olhe para trás. Não fique se queixando da vida. Não amaldiçoe o seu passado.

Olhe para frente.

A chave da riqueza está na sua mente.

Você até aqui é pobre porque a sua mente se envolve na pobreza, na falta de dinheiro, nas privações, nas necessidades, na carência.

A mente tem o poder de tornar o seu pensamento realidade física.

Se plantar abundância na mente, colherá abundância; se plantar pobreza, colherá pobreza.

Em você está o dom milagroso da abundância divina.

Por que é que você acha que Deus criou essa riqueza imensa do universo?

Contemple o céu numa noite estrelada e ficará encantado com a multidão incalculável de estrelas; contemple o solo e imagine as riquezas que existem no seu interior; contemple os oceanos e calcule as riquezas ali submersas; olhe para a terra que está diante de seus olhos: é uma riqueza inesgotável, pois ela produzirá arroz, feijão, trigo, milho, alfafa, frutas, verduras, flores, enfim tudo o que você semear e toda vez que semear.

Afinal, as riquezas do mundo são para quem?

Para você.

Você, como filho de Deus, é o herdeiro e dono das riquezas do Criador.

Não abdique das riquezas, se você as deseja para ter uma vida confortável.

E para que não se queixe de que é muito difícil atingir as riquezas, Deus inventou um método fácil, acessível a qualquer pessoa de qualquer cultura. Trata-se de um método ao alcance até mesmo das pessoas que não podem caminhar.

AS RIQUEZAS VÊM DA MENTE

O caminho mais simples e fácil para alcançar tudo o que deseja é o da mente.

Tudo o que você cria na mente se materializa. É por isso que se diz que os pensamentos são coisas mentais que se tornam coisas físicas.

O pensamento é o veículo que aciona o poder do subconsciente.

Quando você exclama desapontado que "a vida não é como você pensava" significa que a vida não está sendo como você quer ou deseja que seja, mas é exatamente como você pensa que ela é.

Nem sempre acontece o que deseja, porque desejar é uma coisa, acreditar é outra coisa. Se almeja uma casa, por exemplo, mas não acredita na possibilidade, significa que acredita que não pode ter casa. E é isso que se cumprirá.

Você alcança riquezas se pensa riquezas, se mergulha a sua mente na riqueza divina que aí está à sua disposição, assim como está à disposição dos que já são ricos.

Se você deseja riquezas, faça todos os dias a oração da riqueza.

Mas, se fizer todos os dias a oração da pobreza, será atendido e viverá na pobreza.

Riqueza e pobreza são estados de espírito, nascem na mente, portanto.

A lei do PEDI E RECEBEREIS, ensinada por Jesus, é a lei da opulência.

Quando você se revolta contra os que têm, dizendo: "Não adianta, eu nada consigo, tudo está nas mãos dos ricos, dos exploradores, que nunca me darão vez", saiba que o seu subconsciente responde a esses pensamentos e a riqueza voará para longe de si.

Que a sua mente esteja sempre impregnada de otimismo, de pensamentos de riquezas e de bem-estar; que se sinta filho de Deus e rei da criação; que entenda que as riquezas já são suas; que esteja sempre em paz consigo e com todas as pessoas, inclusive as ricas; que acredite que há no mundo riquezas para fazerem milionárias todas as pessoas existentes; que acredite que as suas riquezas vêm a você pelo caminho da mente; que se decida a compreender que ninguém pode barrar o seu caminho de sucesso a não ser você mesmo; que acredite que seu pensamento é seu ato criador; então, sim, posso lhe assegurar que você é um felizardo, a fortuna está chegando inesgotavelmente às suas mãos!

ORAÇÃO DA RIQUEZA

Se você deseja viver mergulhado, desde a sua juventude, num mundo de abundância e de conforto, faça todos os dias, com fé, esta oração infalível:

"Pai, que habitas o meu íntimo e que és a minha vida, agradeço-te porque criaste este mundo de riqueza e bem-estar para mim e para todas as pessoas. Tudo o que é teu é meu porque eu sou teu filho legítimo, o rei da criação, o herdeiro universal. Pelo teu poder infinito, que tudo me alcança, sei que daqui para frente a riqueza divina jorra para mim como chuva torrencial. Minha situação financeira está melhorando sempre mais e mais a cada dia; minhas dívidas estão pagas na Mente Divina; meu emprego é uma realidade maravilhosa, e minha casa está cercada de todo conforto. Sei que tu és meu Pai e que nada me faltará porque em ti só existe abundância e prodigalidade. Muito obrigado".

A RIQUEZA É UM BEM

Certo dia, eu ouvia atentamente um jovem fazendo uma verdadeira pregação contra a riqueza, contra os ricos, contra os que tinham, colocando tudo isso como um mal e como causa dos males da humanidade, principalmente culpando os ricos pela existência da miséria no mundo.

Se você acredita que Deus fez o mundo, deverá concluir que Deus é rico. Se ser rico é um mal, Deus é mau. Que absurdo!

Se existem no universo riquezas intermináveis, capazes de tornarem todas as pessoas ricas, a culpa da pobreza não está nos ricos.

A abundância está à disposição de todos. Basta que o pobre e o miserável usem o Poder Infinito, que existe neles, e mergulharão na mais confortável riqueza.

Se resolver investigar a vida dos ricos de hoje constatará que, na sua imensa maioria, começaram pobres como você. Mas mergulharam a mente na riqueza e seguiram em frente com a certeza de que tudo lhes viria ao encontro como dádiva divina.

Faça você o mesmo.

VALORIZE O SEU EMPREGO

Certo dia, um jovem veio a mim, desgostoso do seu emprego. Estava ganhando pouco e se queixava do patrão:

- Têm muitos colegas de serviço que são mais atrasados do que eu e estão ganhando mais. Isso é uma injustiça. Eu agora resolvi: Não vou mais me esforçar até receber aumento.

Eis aí um rapaz totalmente equivocado. Primeiro é preciso oferecer, para depois receber. Você deve dar o seu trabalho e, em troca, receberá a sua remuneração.

Se você se dedicar eficientemente ao trabalho que lhe é solicitado; se der o melhor de sua capacidade para o ótimo rendimento do trabalho; se usar a sua capacidade, poder e sabedoria para melhorar a produtividade; se dedicar entusiasmo e otimismo para o sucesso da produção; se irradiar boa vontade, amizade e alegria para as pessoas do seu ambiente de trabalho; se procurar ser eficiente e eficaz no seu setor e agir com toda boa vontade; então, pode colocar o valor do seu salário e o receberá.

Faça tudo o que leu acima e passe a mentalizar, à noite, e de manhã antes de sair para o trabalho, o valor do salário que deseja receber. Permaneça confiante e feliz, porque a retribuição virá. Nada resiste ao poder da sua mente acompanhado da ação correspondente.

Olha, ninguém atrapalha você! É você que se atrapalha.

Mesmo que outros estejam recebendo mais do que você imerecidamente, isso é com o patrão. Ele pode pagar como quiser e a quem quiser. Não é isso que o atrapalha, é você que está se atrapalhando ao criar pensamentos negativos.

Lembre-se que a vida paga a você o salário que estipular.

Mentalize salário alto e receberá salário alto.

Acredite em você e todos acreditarão em você.

Lauro Trevisan
O CAMINHO DA RIQUEZA NÃO É COMPLICADO

Existe muita gente que quer enriquecer pelos caminhos mais complicados e difíceis.

Sei de gente que quer enriquecer roubando; sei de gente que pensa que o caminho fácil da riqueza é traficar drogas; sei de gente que tentou até fabricar dinheiro; sei de gente que buscou a fortuna no contrabando e em outros meios escusos ou injustos – e todos eles perderam tempo, vida e dinheiro.

O caminho da riqueza é simples, fácil, acessível: crie a riqueza na sua mente, sinta-se filho de Deus e dono do universo, faça a sua parte – e verá que todos os caminhos corretos levarão você à abundância.

COMECE POR QUALQUER PONTA

Conheço jovens que vivem desempregados porque esse emprego não serve, aquele outro é para gente inferior, o outro serviço é para quem não estudou, já o outro é de baixa remuneração, assim por diante.

Digo a esses jovens, e a você, que não importa por que ponta comecem. Podem começar até como varredores, faxineiros, ou por qualquer outra atividade humilde. Façam esse serviço com entusiasmo e inteligência e logo serão chamados a um cargo superior.

Comece por qualquer ponta. Todo começo é bom começo. Quem não é visto não é lembrado – diz o ditado. Mas, esteja preparado para a oportunidade. Especialize-se. Informática já deve fazer parte do seu currículo.

As firmas estão procurando, de lanterna acesa em pleno dia, pessoas capazes como você, mas não se admire se for testado em serviços mais simples. É uma das formas de subir. Quem chegou ao último degrau, um dia teve que subir o primeiro. Por certo, você já viu filmes estrelados por John Wayne, famoso ator norte-americano. Ele participou de muitos "westerns".

John Wayne, como tantos e tantos atores, começou sua carreira muito simplesmente, trabalhando nos estúdios da Fox como quebra-galho e como encarregado de conseguir as coisas necessárias para a filmagem. De vez em quando, figurava em cenas perigosas, até que chamou a atenção de produtores e diretores pelo seu robusto aspecto físico, pelo jeitão, e conseguiu o seu primeiro papel principal em 1930, no filme A Grande Jornada.

Se você descobre o início da carreira de famosos artistas brasileiros, como Roberto Carlos, Caetano Veloso, Milton Nascimento, Chico Buarque de Holanda, Sílvio Santos, Tarcísio Meira, Glória Menezes, Procópio Ferreira, Francisco Cuoco, Renato Aragão, Chico Anísio, Golias; se você busca as origens de escritores como Érico Veríssimo, Jorge Amado, Machado de Assis, Monteiro Lobato, Josué Guimarães e tantos outros; se analisa a carreira de grandes políticos da nossa nacionalidade – verá que começaram humildemente.

Muitos nomes históricos e famosos começaram lá embaixo.

Você não deve ter medo.

Seu sucesso está garantido. Subirá os degraus do êxito muito rapidamente, porque conhece o segredo do sucesso e da fortuna.

Um dia, um rapaz acusava seu pai porque nada lhe dera na vida, por isso ele achava que também nada conseguiria da vida.

Mesmo que seu pai lhe tenha dado apenas a vida, deu-lhe o mais importante. O resto é com você. Tudo o mais lhe é dado pelo outro Pai, do qual você procede e o atende conforme seus pensamentos. Mas, há um detalhe importante: o Pai, que está nos céus da sua mente, não pode agir em você a não ser por meio de você. Então, você está equivocado quando reclama de Deus porque você está na pior. Não, reclame de si mesmo e faça o que lhe pertence fazer.

Pense coisas boas e elas virão a você.

QUANDO DIZEM QUE VOCÊ É UM VAGABUNDO

Mesmo que você viva zanzando por aí sem fazer nada – não é um vagabundo.

Mesmo que não mexa uma palha para se fazer na vida – não é um vagabundo.

Mesmo que esteja vivendo às custas dos outros – não é um vagabundo.

Você é filho Deus, trabalhador, entusiasta, dedicado, responsável, inteligente, criativo, triunfador.

É que agora você não está sendo você mesmo: está deslocado da sua verdadeira identidade, mas, mesmo assim, é filho de Deus, possuidor de inúmeras qualidades.

Comece hoje mesmo a assumir a sua verdadeira identidade e verá que maravilhas sairão de suas mãos.

Os jovens que vivem rolando pelo mundo do não-fazer-nada é porque ainda não vislumbraram a atividade que lhes gera prazer e entusiasmo, estão deslocados, à procura de si mesmos e dos seus sonhos. Quando se encontrarem consigo mesmos e aflorarem seus desejos fortes, mostrarão seu talento e brio.

Você pode.

Sim, você pode, se acredita que pode.

Mostre a todos agora a sua verdadeira imagem. Comece a triunfar na vida.

Revele suas qualidades e potencialidades.

Mostre ao mundo a grandeza e a capacidade que tem.

Você pode.

Eu acredito em você.

A partir de agora deixe que a Inteligência Infinita, que existe no seu íntimo, guie você pelo caminho do sucesso.

Você pode.

Você é um triunfador. A partir de agora.

Parabéns.

ELES PUDERAM, VOCÊ PODE!

Se você se considera desafortunado da sorte, saiba que há uma imensa legião de grandes homens, que começaram tão modestamente como você.

Eles conseguiram, você conseguirá.

Copérnico, grande astrônomo, era filho de padeiro.

Newton, famoso matemático, era filho de camponês.

Benjamin Franklin, estadista, inventor e escritor, era filho de fabricante de sabão.

Kepler, grande astrônomo, era filho de dono de bar.

Beethoven, um dos maiores compositores de música, era filho de um músico inculto e rude e teve infância infeliz.

Leonardo Da Vinci, uma das maiores expressões da pintura, sendo muito conhecidas a "Última Ceia", a "Monalisa" e outras, dedicou-se, ainda, à geologia, paleontologia, biologia, ótica, astronomia, anatomia, e ciências naturais. Pois, Leonardo da Vinci era filho de casamento escuso e foi criado apenas pelo pai.

Marconi, famoso inventor e físico italiano, embora tendo conseguido resultados maravilhosos no campo então desconhecido da telegrafia sem fio, não encontrou apoio oficial na Itália para os seus experimentos, e teve que se transferir para a Inglaterra a fim de dar continuidade aos seus projetos.

O grande navegador e descobridor Cristóvão Colombo tentou em vão, durante anos, convencer Portugal a lhe fornecer navios para uma viagem em que imaginava descobrir novas terras. Só foi conseguir apoio e três navios na Espanha, junto aos reis católicos de Castela: Fernando e Isabel.

Confúcio, considerado o maior gênio filosófico-religioso da China, perdeu o pai com três anos de idade e cresceu em ambiente pobre.

Abraham Lincoln, renomado estadista e presidente dos EUA, era filho de imigrantes ingleses pobres e estudou por conta própria, enquanto trabalhava em ofícios diversos.

Milton, grande poeta inglês, escreveu a sua mais famosa obra "O Paraíso Perdido", quando já estava cego, assim como Beethoven escreveu a sua mais extraordinária obra musical, a Nona Sinfonia, quando já surdo.

O escritor norueguês Hamsun era filho de camponeses e, quando adolescente, trabalhou como aprendiz de sapateiro.

O conhecido compositor italiano de óperas, Giuseppe Verdi, era de família humilde, mas, com o sucesso nacional e internacional das óperas Rigoletto, Il Trovatore e La Traviata, tornou-se o mais famoso compositor italiano da época.

Tiradentes, cujo nome era Joaquim José da Silva Xavier, aos nove anos perdeu a mãe e, com onze, o pai. Foi acolhido pelo padrinho, que era cirurgião, e lhe inculcou noções práticas de medicina e odontologia, de onde veio o seu apelido.

Muitos outros nomes históricos, que começaram a vida com dificuldades, poderiam ser enumerados aqui, para dar-lhe força. Mas já não é necessário.

Você agora está animado. Sente que, se os outros puderam, você também pode.

Não sufoque o gênio que existe dentro de si.

Acredite no seu sucesso.

Determine, neste instante, que vai conseguir grandes feitos na sua vida.
Eu acredito em você.
Eu confio em você.

ESCOLHA A SUA PROFISSÃO

Tempos atrás veio conversar comigo um rapaz que se encontrava num dilema: a mãe queria que fosse médico e ele queria ser mecânico.

- Eu adoro mexer em motores – me dizia ele com arroubos de entusiasmo – adoro ver como funcionam as máquinas, até mesmo já me pus a inventar um processo para economizar gasolina no meu carro.

- Então, siga esse caminho, porque lhe dará imensas satisfações.

- Mas, acontece que a minha mãe quer que eu seja médico e diz que filho dela não há de viver no meio da graxa, da estopa e dos ferros velhos... Ela diz isso ridicularizando.

- Veja, meu amigo – disse-lhe eu – a vida é sua e só você a pode viver. Se escolhe a profissão que detesta, perderá pelo menos um terço da sua vida, porque viverá nada menos que oito horas por dia lidando com o que lhe aborrece. Vale a pena tamanho sacrifício? E se assume uma profissão porque sua mãe gosta, acha que ela vai lá lhe alegrar essas horas de aborrecimento? Ela tem a vida dela, você tem a sua, e deve fazer da sua vida uma caminhada feliz e plena de gratas realizações.

- Mas, ela sempre diz que mecânica não é para mim!

- Sim, ela diz porque pensa que existem profissões mais dignas e profissões menos dignas. Em verdade, eu lhe digo: se não existissem mecânicos, sua mãe já estaria morta, pois essa é uma profissão tão digna e tão importante que, sem ela, as máquinas, que acionam a vida moderna, parariam, o trânsito entraria em colapso, os hospitais se fechariam, as indústrias iriam à falência, a sua casa não teria luz, nem geladeira, nem rádio, nem televisão, nem aspirador, nem batedeira, nem liquidificador, nem secador de cabelos, nem barbeador elétrico, nem espremedor de frutas, nem fogão, nem chuveiro elétrico, nem encanamentos, assim por diante. A mecânica e a eletrônica comandam a tecnologia e a indústria, meu caro. Todas as profissões são dignas e importantes no mundo. Você já pensou o que seria da humanidade sem os agricultores? Quer saber como se escolhe uma profissão? Simplesmente pelo tamanho das satisfações que ela oferece. A atividade que mais prazer lhe dá, essa é a mais indicada para você. Se o seu prazer está na mecânica, entre nela e se especialize ao máximo, aprofunde-se na técnica ou na engenharia dessa profissão. Então, será uma pessoa de sucesso e todos admirarão a sua capacidade e elogiarão a sua atividade.

O trabalho, na verdade, deve ser fonte de prazer e não uma obrigação ou uma desgraça necessária para a subsistência.

Todo trabalho, seja ele qual for, pode trazer um mar de alegrias, desde que você o tenha escolhido porque gosta dele e se sente bem nele. Todo trabalho que lhe dá prazer, já não é mais trabalho no sentido duro da palavra, mas divertimento. Jogar futebol é uma profissão e um divertimento; ser médico é uma profissão e uma fonte de satisfações; costurar é uma profissão e pode ser fonte de prazer para quem adora essa atividade. E, assim, todas as atividades da vida moderna.

- Mas, e se não há mercado?

- Para quem acredita no Poder da Mente sempre há mercado para tudo e para todos. Para tudo o que você tem a oferecer, sempre existe alguém à procura. Se a sua mente consciente não sabe onde há compradores do seu trabalho, a sua mente subconsciente, que é cósmica, sabe e pode atrair os compradores que você deseja. Um dia, uma senhora me contou que, depois de muitos anos de casada, resolveu voltar a estudar a fim de tornar-se professora de matemática. Todos lhe diziam que ela estava fazendo uma bobagem, pois a sua idade a impediria de ingressar no magistério. Ela continuou os estudos e tinha certeza de que a Sabedoria Infinita resolveria o caso. Sabe o que foi que aconteceu? Muitas pessoas vieram lhe pedir para ensinar-lhes matemática particularmente.

VAI FAZER VESTIBULAR E NÃO SABE PARA QUE CURSO

Já tenho recebido diversos jovens que estavam às portas da matrícula para o vestibular e não sabiam o que queriam. Não tinham carreira definida.

Se você é uma dessas pessoas, pense no seguinte, antes de tomar a decisão:

- Todas as profissões são dignas e de prestígio.

- Todas as profissões enriquecem, porque a riqueza é fruto da mente rica.

- Todas as profissões têm mercado, desde que você seja competente.

- Você não escolhe melhor ou pior casamento pela profissão e sim pelo AMOR.

- O trabalho vai corresponder a, pelo menos, um terço da vida, então escolha a profissão que mais lhe agrada e viverá sua vida plenamente.

- A profissão não deve ser escolhida pelo dinheiro que rende e sim pelas satisfações que dá. Uma profissão aborrecida, embora bem remunerada, pode fazer o dinheiro voar pela janela em direção aos médicos e às farmácias.

- Agora comece a pensar nas diversas opções que a universidade lhe oferece e faça uma lista das satisfações que cada curso pode lhe propiciar. Vá por eliminatórias. Aquele curso que somar mais pontos positivos é o curso que você deveria seguir. Não se preocupe se é mais difícil ou mais fácil de passar no vestibular: você sempre consegue, desde que use o poder da mente e se sirva da Sabedoria Infinita, que existe no seu interior.

- Se, ainda assim, permanecer indeciso, faça um teste profissional com psicólogo.

ORAÇÃO PARA CONSEGUIR EMPREGO

Se você sabe qual é o emprego que deseja e qual é o local do emprego, todos os dias mentalize que está sendo chamado para assumir esse cargo.

Sente-se confortavelmente numa poltrona, acalme a mente, reze um Pai Nosso para entrar em nível alfa e comece a visualizar o emprego: veja-se sendo chamado pela firma, entrando na porta do prédio e indo em direção ao chefe, que lhe diz: "Você foi chamado a trabalhar conosco. Pode começar ainda hoje". Imagine-se entrando na firma, trabalhando, saindo ao final do trabalho; abençoe o dono, o chefe e todos os colegas de serviço.

Assim o fazendo, seu nome estará sempre na mente dos responsáveis e o chamarão.

Mas, se não tem nenhum emprego em vista e deseja trabalhar, faça, algumas vezes por dia, em relax, com fé e com sentimento, a seguinte oração:

"Sei que Deus está em mim, é a minha Vida e me criou para viver feliz e em abundância neste mundo maravilhoso e farto. Sei que há um lugar adequado para mim neste mundo, pois o mundo seria incompleto se eu não existisse. Sei, por isso, que, em algum lugar, estão me esperando para ocupar o lugar que me pertence a fim de realizar o trabalho que me compete na vida. A minha mente consciente não sabe qual é o lugar, mas Deus, que está na minha mente subconsciente, sabe tudo e sabe isso também, portanto o meu pedido agora está me conduzindo para o meu emprego, onde dedicarei o melhor de minhas capacidades e toda a minha inteligência e boa vontade. Desde já estou feliz e agradecido porque Deus, que habita o meu íntimo, quer sempre tudo o que eu quero. Acredito com toda fé nas palavras de Jesus, que disse: "Tudo o que pedirdes ao Pai, em oração, crendo que haveis de alcançar, alcançareis". Sim, eu estou pedindo um trabalho no qual me sinta bem e no qual eu seja dignamente remunerado. De minha parte, asseguro que trabalharei com alegria, com amor, com entusiasmo, com inteligência e com dedicação. Desde já eu tenho certeza de que sou um sucesso e agora começo a subir os degraus de uma caminhada abençoada, feliz e plena de riquezas. Já vejo essa colocação na minha mente e já me considero trabalhando com alegria. Sei que esse lugar de trabalho existe e sei que a Sabedoria Divina está me conduzindo para ele. Eu o aceito com entusiasmo e alegria, mesmo que deva começar pelo primeiro degrau. Mas, sei que subirei rapidamente porque eu sou muito inteligente, gosto do meu trabalho, gosto de ajudar os colegas e chefes, e tenho capacidade para oferecer muito mais. Obrigado, Pai, porque Tu ouviste a minha oração. Obrigado, muito obrigado, agora e sempre. Amém".

SERÁ PRECISO ESTUDAR?

Conheço muitos jovens que dizem que não podem arrumar emprego bom porque não têm estudo.

Esse não é um argumento válido, porque você tem inteligência infinita e a sabedoria infinita é em você.

Na sua mente subconsciente você sabe tudo o que o universo contém.

Você tem a inteligência dos grandes gênios da humanidade.

Grandes inventores não tiveram mais estudos que você.

Um dia, eu li o seguinte relato de H. G. Well, sobre Thomas Alva Edison:

"Ninguém deu origem a tanta riqueza como Edison, o mais engenhoso espírito que já se devotou à aplicação comercial da ciência. Nasceu em Milan, Ohio, em 11 de fevereiro de 1847, e mal teve uma educação de três meses numa escola pública de Port Huron, Michigan. Foi em casa que aprendeu a ler e escrever. Sua primeira patente foi um aparelho que ninguém queria usar – uma máquina de registrar e contar votos. Essa recusa muito o impressionou, e, desde aí, resolveu realizar só o que as gentes querem e não o de que precisam. Os frutos de sua resolução criaram meia dúzia de indústrias novas, deram emprego a milhões de homens, dilataram a civilização, alargaram o âmbito da vida humana".

Henry Ford também não tinha estudos acadêmicos e sua presença na história do automóvel foi marcante. Até mesmo o grande sábio Shakespeare não teve carreira acadêmica e, no entanto, suas peças teatrais ainda hoje fazem sucesso.

O importante é que você busque, com entusiasmo, todos os conhecimentos que se referem à sua atividade, à sua profissão.

Já diziam os antigos: "Timeo homo unius libri", quer dizer, eu respeito o homem de um só livro. A sabedoria antiga queria dizer que admirável e respeitável é a pessoa que se aprofunda numa só coisa.

– Mas, então, você acha que não é preciso estudar? – perguntará você.

– Os estudos fundamentais da vida humana são necessários. Quanto maior o cabedal de conhecimentos, mais amplo é o seu mundo. Você é o que é a sua mente. Mas o sucesso depende de você e de sua competência, não tanto do diploma.

A vida abre todas as portas para quem vai entrando e não para quem fica aí parado com o diploma na mão.

É provável que a escola do futuro não seja exatamente como é o sistema da escola acadêmica tradicional.

Do meu ponto de vista, penso que as escolas deveriam ficar abertas para acolher a matrícula livre de quem quer que seja, para a matéria que cada um deseja aprender no momento, pelo tempo em que a pessoa decide estudar. Por exemplo, se trabalho numa oficina elétrica e quero saber tudo sobre geradores de energia, ou conversores, me matriculo no colégio que tem aulas sobre esta matéria e frequentarei apenas essa especialização durante o período que achar necessário. Se, ao mesmo tempo, desejo aprender literatura brasileira, me matriculo também para aulas de literatura brasileira. Se você é agricultor, poderá inscrever-se para as aulas que lhe interessarem no campo da agricultura, como, por exemplo, épocas de plantio dos diversos cereais, processos de adubação, métodos de acabar com as pragas, etc. Se tem plantação de árvores frutíferas vai estudar na escola especializada, durante um mês ou trimestre, ou mais, tudo o que necessita saber sobre árvores frutíferas. De repente, você deseja exportar as frutas, então se matricula para as aulas de exportação.

Assim, cada pessoa segue o roteiro de aprendizado conforme seus desejos e suas necessidades momentâneas. Nesse caso, a escolaridade nunca termina. Até mesmo com oitenta anos, você poderia matricular-se no curso de Filosofia, ou Teologia, Computação, Medicina, Psicologia, Literatura Universal, Comunicação, ou fazer curso de Geriatria, ou, quem sabe, pintura, etc.

No começo do ano, ou a cada trimestre, seria publicada a lista de todos os cursos à disposição, com as datas de início.

Tenho certeza de, pelo menos, uma coisa: todos que frequentarem as aulas terão enorme interesse em prestar atenção e aprender o que lhes for ensinado.

Essa ideia, no entanto, a escrevi apenas por curiosidade e para dizer que pode existir algum outro tipo de ensino no mundo, que não esse processo que vem vindo desde os tempos da Idade Média, sem muita modificação.

CAPÍTULO VI

VOCÊ É UM FILHO PRÓDIGO?

A redenção está em você.

Permita dirigir-me agora, de modo todo especial, e carinhosamente, a todos os jovens que se encontram nos descaminhos da vida.

Você está abrindo as portas da vida e se encontra desencantado, triste, acabado, envelhecido, revoltado, complexado, viciado, fracassado.

É para você que desejo me dirigir agora. Sim, porque você continua sendo uma criatura maravilhosa.

Você pode ter jogado às traças os seus ideais; pode ter agora a face do bandido; pode considerar-se um demônio vestido; mas eu acredito em você. Acredito porque sei que sua alma ainda está cheia de sonhos grandiosos; acredito porque, por detrás da máscara do bandido, está o filho de Deus perfeito; porque sei que, para além do demônio, está o anjo de suavidade e amor. Acredito porque, no íntimo, todo ser humano é essencialmente bom.

PARE DE CULPAR SEUS PAIS

Está bem, vamos supor que seus pais não deem atenção a você; vamos admitir que seus pais sejam quadrados do primeiro ao quinto; vamos aceitar que seus pais nunca amaram você; vamos imaginar que seus pais deram tudo para os outros filhos e nada para você; vamos acreditar que seu pai não presta, não dá carinho, vive sempre fora, bebe demais, está sempre nervoso e é um infeliz.

Mas, você não é seu pai.

Você é você.

Se seu pai é assim ou de outro jeito, isso é com ele. A vida é dele e ele responde por seus atos, colhendo venturas ou desventuras, alegrias ou sofrimentos, de acordo com o seu modo de ser.

Você, que deseja ser livre, que grita aos quatro ventos que quer liberdade, deixe que seu pai também seja livre para o que quiser e vá fazer a sua vida.

Mesmo que ele nada lhe tenha dado a não ser a vida, só por esse dom inestimável, só pelo admirável milagre da sua existência, você deveria amar e respeitar seu pai, mesmo que o encontrasse estirado numa sarjeta.

Veja bem, ele fez com que você nascesse. Foi por causa dele que você está vivendo neste século, nesta era espacial, neste mundo maravilhoso, cheio de tantas e tantas coisas lindas e fascinantes.

Você está vivo, você está existindo, você é dono de si, você é a própria manifestação divina, você é o próprio Deus moldado visualmente nessa forma.

Dê um grito de alegria e erga um brinde à vida.

Agora você pode usar o Poder Infinito, que existe dentro de si, para conquistar o mundo dos seus sonhos.

Seu pai é apenas uma lição da vida lhe avisando como não deve ser. Essa impressão tão desagradável ajudará, de forma eficaz, a você evitar que aconteça em si o que está acontecendo com ele.

Quando acusa o pai como culpado dos seus fracassos, é bom saber que ninguém pode prejudicar você a não ser você mesmo.

Mais uma vez: você não é seu pai.

Você é assim porque é assim. E será assim enquanto não mudar. Nada nem ninguém é definitivo. Basta a força da sua palavra interior e agora mesmo você pode começar nova vida.

Muitas pessoas foram combatidas e nem por isso deixaram-se levar pela hostilidade. Acreditaram em si e saíram vitoriosas.

O grande matemático Albert Einstein, inventor da Teoria da Relatividade, inicialmente foi combatido, ridicularizado e amargamente menosprezado. Louis Pasteur sofreu maus tratos e ataques, mas graças à sua persistência é que temos a penicilina e a bacteriologia.

Galileu Galilei foi combatido, condenado, ameaçado, mas acreditou na sua genialidade e hoje a história lhe faz justiça. Até mesmo a Igreja Católica lhe pediu perdão postumamente.

Landel de Moura, genial inventor gaúcho, que viveu na segunda metade do século dezenove, inventou, antes de Marconi, o telégrafo sem fio, fez experiências com transmissões de rádio, além de inventar o microfone e o fonógrafo, que foram injustamente atribuídos a outros inventores. Este padre, que nasceu em Porto Alegre, nunca foi entendido pelos contemporâneos, que o tacharam de louco, bruxo e outros títulos desagradáveis. Em São Paulo, realizou, por volta de 1893, dois anos antes de Marconi, experiências de transmissão sem fio da palavra falada, a uma distância de oito quilômetros, entre o alto da Avenida Paulista e o alto de Santana. Um dia, quando voltava de uma visita a um moribundo, encontrou a casa arrombada e seus aparelhos, montados com tanto sacrifício, quebrados, destroçados, em pedaços. No ano de

1900 conseguiu registrar mais um invento, cuja patente Nº 3.270 refere-se a "um aparelho apropriado à transmissão da palavra à distância, com ou sem fios, através do espaço, da terra e da água". Nesse ano, já o jornal de São Paulo falava em "ondas landellianas". Mas, Landel de Moura teve que lutar durante toda a sua vida contra o descaso oficial, a oposição do povo, e até mesmo a má vontade dos meios eclesiásticos em relação a essa atividade. Hoje em dia, fala-se muito em aura, uma descoberta do mundo científico moderno. Essa aura, que envolve o corpo humano e pode ser até fotografada, foi descoberta pelo padre Roberto Landel de Moura, que lhe deu o nome de "Periante" e afirmou ser possível fotografá-la.

Você, que tem o gênio de inventor no sangue, não se aflija com a incredulidade dos outros. Se está desanimado pela falta de reconhecimento aos seus méritos, lembre-se de Landel de Moura e siga em frente. Os tempos mudam.

Meu jovem, a sua força vital, a sua capacidade, o seu sucesso, estão em você e em ninguém mais. Isso não pode ser roubado de si jamais.

Você é jovem e livre. Livre para construir a sua vida. Livre para alcançar as suas metas de sucesso. Livre para ser feliz. Livre para viver num mundo de amor e de paz.

Eu sempre digo que, se meu pai nada me tivesse dado a não ser a vida, só por isso eu lhe ergueria o maior de todos os monumentos. Porque o resto faço eu.

Você é grande e poderoso.

Você está acima das fraquezas alheias.

Se o seu pai caiu à beira da estrada, nem por isso ele está barrando o seu caminho.

Você é poderoso em si mesmo. Divino em si mesmo. Grande em si mesmo.

Pelo poder da sua fé na vida, todas as montanhas ruirão e lhe darão passagem.

Agora você é o grande conquistador, o grande vitorioso.

NÃO DESPREZE SUA MÃE

Talvez agora você esteja se queixando amargamente da sua mãe.

Certa jovem me contou:

- Detesto minha mãe. Não quero vê-la nunca mais. Nunca me amou, sempre colocou pedras no meu caminho e me encheu de complexos.

Um rapaz desabafou:

- Não gosto da minha mãe, porque ela sempre complica a minha vida e não me deixa progredir. Quer que eu viva sempre debaixo da sua saia.

Outro jovem reclamou:

- Não gosto da minha mãe, porque é muito

nervosa, está sempre fora, nunca me ouve, não tem tempo para mim, e é por isso que nada consegui na vida até hoje.

Volto a dizer-lhe o que disse a respeito de seu pai.

Seja quem for e como for a sua mãe, agora você alcançou a juventude e ela pode deixar de influenciar negativamente em você. Agora a vida é sua. Você está assumindo o comando do seu barco. Deixe sua mãe ser como ela é, se é que não consegue ajudá-la a mudar. Se ela não vive bem, se não é justa, se é fraca, se tem problemas com o marido, isso é com ela. Ela é inteligente, maior de idade e tem capacidade para encontrar o caminho que lhe traz felicidade.

Quanto a você, pare de colocar as culpas do seu fracasso, da sua preguiça, do seu desânimo, da sua estagnação na sua mãe.

Você já tem dezesseis anos de vida, dezesseis anos de instrução, dezesseis anos de educação, dezesseis anos de religião, dezesseis anos de televisão, dezesseis anos de convivência com pessoas mais experientes. Que é que você quer mais? Recolha esse cabedal de conhecimentos e comece a traçar os rumos da sua vida.

E se tem mais que dezesseis anos, melhor.
Chegou a sua hora.
Quem sabe faz a hora, não espera acontecer.

Levante-se. Sacuda a poeira do passado e diga para si mesmo com toda a convicção:

"Eu sou forte, saudável, inteligente e dono de mim. Minha vida está em minhas mãos e não dependo de ninguém para ser feliz e ter sucesso. Daqui para frente, eu sou um vencedor. De fronte erguida, de peito aberto, de alma firme e resoluta, sigo em frente, abrindo os caminhos do sucesso com a força todo-poderosa da fé e do entusiasmo. Ninguém mais barrará o meu caminho. Eu sou um vencedor. Eu sou um vencedor. Eu sou um vencedor".

E repita mil vezes: Eu sou um vencedor.

Você verá que uma avalancha de energias jorrará sobre você. Seu subconsciente responderá positivamente e o Poder Infinito, que está no seu íntimo, o levará pelo caminho da vitória e do sucesso.

O seu sucesso não depende da sua mãe. Depende de si.

Só você pode fazer você feliz.

Não fique aí amaldiçoando o passado. Agora jogue fora o passado e diga que a sua vida é hoje, aqui e agora.

Sua mente já não será um amontoado de sofrimentos e de frustrações, mas uma nova força vital positiva, dinâmica, vigorosa, avassaladora, irresistível.

Parabéns a você. Parabéns a você.

Você é grande.

Eu me curvo reverente diante de você, porque agora sua grandeza impõe respeito e admiração.

Você é outra pessoa.

Agora sim está dando o passo certo.

Tenha certeza absoluta do seu sucesso.

Muito bem, siga em frente.

SE VOCÊ BEBE

Eu sei que você foi ludibriado, por isso bebe. Eu sei que sofreu terrível desilusão, por isso bebe. Eu sei que seus pais nunca lhe deram amor, por isso bebe. Eu sei que a vida é uma desgraça para você, por isso bebe. Eu sei que se sente inferior aos outros, por isso bebe. Eu sei que sofreu uma profunda mágoa, por isso bebe.

Por isso você bebe?

Mas, que solução infantil!

Querer resolver o seu problema através da bebida é o mesmo que querer matar a fome através do cigarro.

Se antes você tinha um problema, agora, bebendo, você tem dois problemas.

Pare de beber agora mesmo e o seu problema estará superado.

Eu lhe pergunto: quem é que agora está trancando o seu caminho?

Remova o obstáculo pela forma mais fácil: usando o Poder Infinito que existe dentro de si.

Se não tem amor, mentalize algumas vezes por dia:

"Eu estou atraindo o verdadeiro Amor da minha vida. Venha, que agora você vai me encontrar sadio, regenerado, forte, amoroso, calmo, dedicado, feliz e compassivo".

Se sofreu desilusão, veja bem que isso já é coisa do passado. Essa desilusão não existe mais, a não ser na sua mente.

Se tem problemas financeiros, saiba que nada é insuperável. Daqui para frente mentalize:

"Sucesso e riqueza. Mergulho nas riquezas do universo e agora Deus é meu sócio. Estou prosperando rapidamente".

Se teve infância infeliz, entenda que agora está na juventude e essa é a fase em que você assume o comando da sua mente e, por consequência, o comando da sua vida. Levante-se, siga em frente, e mentalize muitas vezes por dia:

"Eu sou filho de Deus perfeito. Eu sou maravilhoso. Eu sou forte, seguro de mim, autoconfiante. Minha mente está limpa e liberta. Agora eu sou feliz".

Se você acha que foi profundamente prejudicado por alguém, acredite que ninguém pode prejudicar você a não ser você mesmo. Acredite que toda a situação é e será degrau maior para o sucesso. Faça de Deus o seu devedor e vá em frente com fé e coragem, pois receberá a justa paga de tudo que lhe é devido. Mentalize algumas vezes por dia:

"Perdoo e sou perdoado. Abençoo você (quem o prejudicou) e desejo que Deus lhe inspire o caminho certo e justo. Tenho certeza de que estou recebendo agora a paga de tudo que me é devido, com juros e correção monetária. Muito obrigado. Assim é agora e sempre".

Se você não gosta dessa vida é porque a vida, vista através de um copo de cachaça, é cinzenta, sem graça, triste e vazia. Retire o álcool e você começará a ver a vida alegre, iluminada, florida e linda. Mentalize algumas vezes por dia:

"Eu gosto da vida. Sinto-me feliz neste mundo abençoado de Deus. O mundo é lindo e florido e as flores estão perfumando o meu caminho. A vida é maravilhosa. Eu amo a vida. E sou feliz".

Mas, você acha que parar de beber é difícil?

Pois é tão fácil quanto começar a beber.

Antes de tudo, passe a fazer o contrário do que vinha mentalizando até agora. Ao invés, de sentir-se impotente, sem forças, dominado pela bebida; ao invés de dizer "eu não consigo"; ao invés de afirmar que a bebida é mais forte do que você, daqui para frente imagine-se um vencedor, um herói, um forte; imagine-se uma rocha firme contra a qual estão se espatifando todos os copos e todas as garrafas de bebida alcoólica. Imagine. Lembre-se que a imaginação é a força mais poderosa com a qual você pode contar para vencer esse hábito. A imaginação é mais forte do que a vontade. Imagine-se feliz da vida por ter deixado de beber e veja todos os seus amigos verdadeiros virem abraçar você; veja as garotas bonitas de suas relações se aproximarem felizes de você, elogiando-o e querendo estar com você. Imagine-se um vencedor.

Você não é um derrotado. Agora você é um vencedor.

Quando Napoleão quis invadir a Itália transpondo as altas montanhas dos Alpes com todo o seu exército, seus generais lhe disseram que era impossível.

- Impossível – gritou Napoleão – é uma palavra que só existe no dicionário dos covardes.

Você pode. E tudo se lhe tornará fácil, pois agora você está arremetendo com toda a energia da sua mente e do seu corpo.

Sorria de felicidade, porque agora você ressuscitou. Agora renasceu.

Mentalize à noite quando está deitado, de manhã quando acorda, e muitas vezes por dia:

"Agora eu sou um vencedor. Tudo se tornou fácil para mim. Eu tenho o poder de Deus dentro de mim e essa força infinita me libertou definitivamente. Meu prazer agora é beber água e refrigerantes. Eu sou forte e me domino. A energia divina corre em mim e tudo vai bem comigo. Venci facilmente, alegremente, sem sofrimentos. Venci. Sou feliz. Muito obrigado".

Cada palavra que você pronuncia mentalmente produz a energia correspondente ao seu conteúdo, por isso repetindo e repetindo e repetindo muitas vezes por dia as afirmações acima, seu subconsciente reagirá de acordo. Tudo o que o subconsciente aceita como verdadeiro, ele cumpre.

Então, você está salvo. Viva a vida!! Parabéns!

O PODER CONTRA AS DROGAS

A sua vontade de entrar no arco-íris da droga é uma coisa boa. Significa que você deseja vida prazerosa, positiva, sem barreiras, feliz. Este desejo é inato e bom, o errado é o caminho para alcançar esse sonho. A droga não é felicidade, é desgraça, alienação e suicídio.

Não é só você que deseja curtir um lindo mundo de belos sonhos. Todos gostam de sonhar que estão andando por estradas floridas e fascinantes. Todos gostam de sonhar com um mundo inebriante de amor e de prazer.

O próprio Mestre Jesus, o sábio dos sábios, já ensinava há dois mil anos que nós devemos entrar "no reino dos céus". Mas ele tratou de livrar as pessoas dos equívocos, acrescentando em seguida:
- Mas o reino dos céus não está aqui nem acolá. Está dentro de vós.

O reino dos céus – segundo o Mestre – não está nos químicos, nos alucinógenos, mas é criado na mente através do pensamento, da imaginação, das crenças positivas, da oração profunda e meditativa. Este sim é o caminho que liberta, que engrandece, que sublima, que traz belas compensações, que produz efeitos benéficos, que ativa as energias físicas e mentais, que conduz à vida e não à morte.

A busca da felicidade pela meditação faz com que você seja mais dono de si, faz com que você seja o senhor da sua vida, dos seus atos e do seu sucesso, ao passo que o caminho do tóxico faz com que esses químicos sejam donos de você, dominem você, derrubem você, escravizem você e, por fim, o enterrem.

Eu sei que você é um jovem ou uma jovem na flor da idade e só pensa em viver, curtir a vida, gozar a vida, sentir-se alguém nesse mundo. Só que entrou em equívoco quando entendeu que a droga seria o caminho.

Fernão Dias Paes Leme, famoso bandeirante, sonhava encontrar esmeraldas e com essa intenção adentrou pelas florestas. Caminhou, sofreu, buscou, carregado sempre pelo sonho promissor das esmeraldas. E só conseguiu agarrá-las num momento de delírio, quando febricitante, à morte, enxergou algumas pedras verdes simples e comuns. No seu delírio, julgou ter finalmente encontrado as minas de esmeraldas.

Você, que adentrou pelo mundo estranho da droga, é um segundo Fernão Dias e tudo o que poderá ocorrer consigo é imaginar que está de posse da felicidade, quando não passa de uma ilusão, de um engano.

Sim, você é uma pessoa bacana, bem-intencionada, vivendo dentro de si os mais justos desejos e sonhos de felicidade. Só que está tomando a estrada errada. Ao invés de parar no "reino dos céus", segundo as estatísticas científicas você parará no "reino do inferno e da morte".

Mas, este é o seu grande dia.

Este é o dia da sua libertação.

Este é o dia em que encetará a caminhada das verdadeiras esmeraldas.

A felicidade, o amor, o sucesso, a paz e a alegria que você busca, existem realmente e não apenas na ficção produzida por efeitos químicos.

E estão à sua disposição a qualquer momento, sem lhe custar um só real. Aliás, todos os grandes valores da vida são gratuitos.

Crie, através da mentalização, o reino dos céus na sua mente e ele começará a existir de verdade. Esse tempo que você gasta num canto, escondido, transando o fuminho, passe a gastá-lo agora entrando em relax profundo e, assim, você descerá, por si mesmo, às regiões maravilhosas da sua mente. Então, crie na imaginação o mundo dos seus sonhos. Viva esse mundo de paz, de amor, de alegria, de felicidade, de curtição e de sucesso que tanto deseja para si. Assim fazendo, verá, com feliz surpresa, que esse mundo passa a acontecer realmente na sua vida de cada dia. Exatamente. Porque é assim que se aciona o Poder Infinito e a Sabedoria Infinita, que existem nas profundezas do seu ser. E quando usa o Poder Infinito do seu subconsciente, mandando-lhe imagens de amor, de paz, de felicidade, de prazer, de sucesso, de alegria e de bem-estar, ele reagirá de acordo, fazendo com que a realidade mental se torne realidade física na sua vida. Este é o estado de maior energia mental, de maior força humana, de maior poder.

Olha, é bem fácil deixar a droga. Basta mentalizar uma centena de vezes por dia, com sentimento:

"Eu posso. Eu sou livre. Eu estou liberto.

Estou numa nova vida mais alegre e mais feliz. Eu sou grande e todo-poderoso, porque Deus habita o meu secreto e é minha força. A minha vida sou eu que a faço, por isso agora uso o poder interior para me atrair sucesso, autoconfiança, inteligência, boa vontade, capacidade, disposição, firmeza, amor e felicidade. Estou encontrando o trabalho ideal da minha vida e sou bem-sucedido nos estudos. Sou outra pessoa. Sou um vitorioso. Sou um herói. Todos me admiram e tenho muitas amizades sadias, carinhosas e positivas, que me estimulam a ser um vencedor na vida. Assim é e assim será".

AGORA CAVALGUE O ARCO-ÍRIS

Venha comigo agora. Escolha um lugar tranquilo, uma posição confortável, e sinta-se bem.
Relaxe.
Alivie o seu corpo. Torne-o leve, muito leve, mais leve que uma pluma.
Sua alma está solta pelos espaços siderais.
Seu coração transborda ternura.
Venha comigo.
Vamos voar montados no cavalo do arco-íris, que galopa ligeiro nas asas da imaginação.
Estamos percorrendo o azul do céu.
As nuvens brincam à nossa passagem.
Estamos seguindo na direção de uma estrela

distante.

Estamos deixando a Terra lá embaixo, lá longe... Ela está linda, azulada, com suaves tonalidades verdes, parecendo um grande lago.

E nós vamos indo para cima, em busca de uma estrela misteriosa.

Desapareceu a Terra.

Estamos chegando na estrela dos nossos sonhos... É linda... tão linda e colorida como um pôr de sol na Terra...

Diante de nós, uma paisagem de extrema beleza, inimaginável... Parece até que estamos escrevendo o mais lindo poema de amor com os olhos...

Sinta o ar inebriante desta estrela.

Mergulhe gostosamente nessa névoa colorida, que parece um lençol de seda...

Agora descanse nesta estrela. Estamos longe dos ruídos, da poluição; estamos longe das malquerenças, das atribulações terrenas, dos medos...

Aqui tudo é paz, tudo é harmonia...

O vento canta uma canção de meiguice...

Você vai agora se impregnar desse ar agradável, sadio, puro... Você vai deixar-se envolver por essa aura de luz e de encantamento...

Absorva todo esse mundo delicioso e deslumbrante...

Encha o seu coração com o amor que você respira nesse ar iluminado...

Vibre nesse estado de êxtase celestial...

Fique aqui quanto tempo desejar. O cavalinho do arco-íris está aí pastando nuvens pelos campos celestiais enquanto você inunda o seu coração de amor, felicidade e paz.

Mas, agora, vamos descer ao nosso planeta.

Cavalguemos novamente o corcel do arco-íris.

A felicidade nos enche de sorrisos.

Você se sente outra pessoa.

Vamos.

Estamos descendo.

Pronto. Chegamos na Terra.

Mas a Terra já não é a mesma.

Todos estão encantados com você.

Todos querem estar com você. Você é agora um poema transcendental.

Você tem um fascínio irresistível.

O seu sorriso permanente é a doçura das doçuras.

Permaneça assim, envolto nessa aura, e você será sempre feliz.

E a Terra será também maravilhosa como aquela estrela solitária...

(Agora que você leu essa mentalização, feche os olhos e faça novamente o percurso usando sua maravilhosa imaginação)

O Poder do Jovem

SOCORRO! SOCORRO! SOCORRO!

Se você está pensando em destruir a sua vida, pare um pouco. Fique comigo por alguns momentos. Eu gosto muito de você. Sei que é uma pessoa maravilhosa.

Não, você não é um ser inútil e sem valor.

Tire as vendas dos olhos. Olhe-se no rosto. Veja esse jovem cativante que você é.

Acenda agora mesmo um fósforo na escuridão da sua noite mental.

Enxergue-se. Você é uma pessoa legal, muito querida. Tire a máscara do rosto e verá a própria imagem de Deus.

Não adianta querer destruir-se, porque depois da vida continua a vida e você teria que enfrentar de novo a si mesmo. Então, levante-se agora. Eu estou lhe estendendo as mãos.

Toda a humanidade está lhe estendendo as mãos. Porque a humanidade é você e você é a própria humanidade. Todos amamos você. E desejamos ardentemente que volte a ocupar o seu lugar no concerto do universo.

Eu tenho certeza absoluta que você tem coração lindo, terno, amoroso e magnânimo como o coração de qualquer jovem feliz e bem-sucedido que existe na face da terra.

Comece a sua vida agora. Ressurja. Erga o

rosto. Caminhe firme.

Você é um vencedor. Você venceu a morte e continuará vencendo todos os obstáculos.

Agora sim é bonito contemplar você. Que brilho fascinante você tem nos olhos!

Deixe que o Poder Infinito, que habita seu íntimo, seja a sua força na arrancada para a vida dos seus sonhos.

Determine claramente o que deseja da vida e tenha certeza de que tudo, pelo Poder Divino, já vem vindo ao seu encontro.

Nunca esqueça de que é filho de Deus perfeito, dono do universo.

Não tema.

O mundo está a seus pés.

Sucesso. Sucesso. Sucesso.

Amor. Amor. Amor.

Você é um vencedor.

ENCONTRO COM A FUGITIVA

Certo dia, encontrei uma jovem que me contou que havia fugido de casa porque não aguentava mais seus pais. E os pais, por sua vez, não a suportavam também.

Tivera um começo de vida dramático: sem dinheiro, sem emprego, sem lugar para morar.

Inicialmente teve que conviver com um rapaz a fim de enfrentar a dureza da nova vida.

No momento em que conseguiu emprego e dinheiro suficiente para se autossustentar, deixou o rapaz e tratou de começar uma nova vida. Voltou a estudar.

Estava bem situada, mas guardava uma mágoa muito grande de casa e, ao mesmo tempo, desejava ardentemente reconciliar-se com seus pais.

Contou-me, então, que resolvera visitar seus pais, mas estes, revoltados com a atitude que ela havia tomado anos antes, a expulsaram novamente.

Nessa situação ela se encontrava quando conversou comigo.

Sei que existem muitos fugitivos por esse mundo afora.

Em primeiro lugar, desejo dizer-lhe que, ao atingir a juventude e a mocidade, você tem direito de assumir o comando da sua vida, por isso, se lhe convém, nada mais natural e normal do que deixar a casa paterna a fim de começar a vida por si mesmo. Hoje em dia, porém, até acontece o contrário: o filho(a) procura ficar muito mais tempo vivendo com os pais para poder formar-se e inclusive doutorar-se ao abrigo da casa paterna. Mas, você pode abrir a porta da casa e sair para alcançar seus objetivos profissionais e autorrealização. Quanto mais cedo você "pega a estrada", como se diz, mais rapidamente terá lugar ao sol.

Procure, no entanto, entender-se com os pais e sair de casa numa boa, sem brigas, sem mágoas.

Se os seus pais recusaram-se terminantemente a deixar você sair e você decidiu sair na mesma, por favor não guarde mágoa e nem rancor deles. Eles, em última análise, estavam apenas desejando o seu bem. Os pais podem enganar-se, estar fora do tempo, ser quadrados, mas uma coisa é certa: só pensam o bem dos filhos.

Quando você precisar viver em outro lugar, tomar o seu rumo, buscar fazer a sua vida, tenha fé e levante âncoras. Sem complexo de culpa. Você não é uma simbiose dos pais. Você é você, uno, independente, filho de Deus, com os seus anseios, com as suas aspirações, com seu projeto existencial, e a ninguém é lícito barrar o seu ideal.

Entenda, porém, a atitude dos pais e perdoe-os. Compreenda a mentalidade deles. Ore por eles e lhes irradie amor e boa vontade.

Como todos os seres humanos estão interligados entre si em nível subconsciente, seus pais estarão recebendo, no íntimo deles, a sua mensagem de perdão, de amor e de carinho, e essa mensagem vai atuar sobre eles de tal forma que ficarão felizes quando você os visitar.

Lembre-se que pensamentos de amor atraem o amor; pensamentos de paz atraem a paz; pensamentos de boa vontade atraem a boa vontade.

Tenha em mente que, mesmo que os seus pais tenham expulsado você de casa, o que mais eles desejam é que você volte. Eu já vi esse fato muitas vezes.

É que o pai julga as ações em cima do pedestal do seu código moral de conduta e acha que ele fica desmoralizado quando o filho não age de acordo com esse código familiar.

Mas, não é assim.

O pai é somente responsável pelas ações dele e dos filhos enquanto dependentes.

Assim como o filho é responsável pelas suas próprias ações.

Você é ser individual, filho de Deus, autor de si mesmo, então não fique complexado porque o pai bebe e comete vexames. Não, nada disso. Seu pai é ele mesmo, outra pessoa. E você é você, outra pessoa. Cada um responde por si.

Mesmo que você, como aquela jovem fugitiva, tenha resolvido sair de casa à revelia dos pais, ainda assim queira bem a eles, ame-os, respeite-os, mande-lhes felicitações, cartas, emails, como se nada tivesse acontecido. Toda palavra carinhosa produz efeito benéfico. Jesus recomendava: "Não faça ao outro o que não quer que o outro faça a você".

Seus pais nunca deixarão de amar você. Se por fora brigam com você, por dentro continuam amando demais você.

Por favor, não guarde sentimento de culpa, porque todo pensamento negativo tem efeito nocivo e devastador.

Perdoe seus pais e perdoe-se a si mesmo.

E faça a sua vida com fé e ânimo.

Na verdade, em casa ou fora de casa, ninguém pode fazer você feliz a não ser você mesmo.

Você é pessoa maravilhosa. O passado não existe. Tudo serviu de degrau para o sucesso de hoje.

Acredite no amor. Acredite no seu futuro casamento.

Mentalize todos os dias o que deseja para si.

Todos abençoarão a sua vida. Inclusive seus pais.

Acima de todos, Deus, que o criou livre.

VOCÊ NÃO É FILHO ILEGÍTIMO, POIS É FILHO DE DEUS

Certa vez, chegou até mim uma mãe desesperada, porque se dizia com um problema terrível: adotara uma criancinha recém-nascida, abandonada, mas agora a menina estava com doze anos e a mãe tinha muito medo que os vizinhos contassem para ela que era adotada.

- Talvez até ela já saiba de tudo – chorava a

mãe – porque anda bastante diferente!

Se você é filha adotiva, maior ainda é a razão para amar de todo coração e com todo o carinho esses pais que você tem.

Se eles, mesmo não tendo gerado você, quiseram ficar com você, quiseram aceitar de coração todo o sacrifício que a criação de uma criança demanda, se eles quiseram que a sua vida fosse a própria vida deles, isto revela uma grandeza de alma tão extraordinária que você deveria admirá-los e amá-los ainda mais.

– Mas eles não são meus pais verdadeiros. Quero conhecer meus pais verdadeiros.

Muito bem, até aí nada de anormal. Se eles não disseram quem eram seus pais verdadeiros, isto aconteceu por uma dessas duas razões: ou não sabem, ou acharam que o conhecimento poderia apenas ser traumático para você. Mas, note bem, eles sempre estão agindo com toda boa vontade. Não crie drama. Estes pais, que criaram você, são maravilhosos. Muita gente deixaria você morrer na sarjeta. Seus pais atuais assumiram você, criaram você, cuidaram de você, e é isto que significa ser pai e mãe. Por tudo isso, eles são, sem dúvida, seus pais legítimos e verdadeiros. Não seja mal-agradecida, por favor. Não faça cena. Mesmo que você venha a conhecer seus pais anteriores, nada impede que ame tanto estes quanto aqueles. Tenha grandeza de alma. Amor repartido nunca perde tamanho nem dimensão.

Saiba que o bem que você faz é o bem que você colhe. Lembre-se que deve fazer aos outros o que deseja que façam a você – é a Lei da vida.

Posso lhe assegurar que aquela menina entendeu perfeitamente a minha mensagem e tudo continuou com a mesma alegria, com o mesmo amor, com a mesma paz, com o mesmo carinho, com a mesma boa vontade, com o mesmo entendimento.

MEUS PAIS SE SEPARARAM

Aquela mãe veio falar comigo muito aflita, porque seu marido andava com outra mulher e então acabaram se separando. Os filhos, revoltando-se com a atitude do pai, provavelmente devem ter pensado: "Bem, se ele pode andar com mulher por aí, eu também posso. Que vá tudo pro inferno!"

E as duas filhas também pensaram assim.

A mãe estava desolada porque as duas filhas solteiras acabaram engravidando.

Mas, agora eu não quero falar com a mãe. Quero falar com você, jovem, filha de pais separados. E quero dizer que, na realidade, você é pessoa independente, individual, com capacidade de fazer a sua vida, sem depender dos pais. Já deve saber o que quer da vida. Então, que importa o caminho tomado por seu pai ou por sua mãe? Se eles se atiram num poço, você não vai querer atirar-se atrás, não é mesmo? Seria estultice sem tamanho.

Assuma a sua grandeza. Assuma a sua identidade. Aprenda a lição dos pais para não incorrer no mesmo problema. Respeite-os assim como são. Até mesmo, ajude-os, porque agora você pode ajudar.

A liberação sem autocontrole a que se propuseram as duas filhas solteiras, que acabaram engravidando, sem o desejar, foi uma besteira muito grande. Se com isso vocês pretenderam agredir os pais, o que aconteceu foi que se agrediram a si mesmas. Não são os pais os responsáveis pelas filhas grávidas. São as próprias filhas.

Engravidou? Enfrente a situação. "Pegue o limão e faça dele uma limonada". Jogar a culpa em quem? Você é adulta, sabe como se faz um filho, sabe das coisas, não há porque atirar o problema para cima de quem quer que seja. Tudo isso é mais velho do que a humanidade e não será você a única desconhecedora da vida neste planeta.

Mas, vamos à sua situação: você está grávida.

Lauro Trevisan
EU ESTOU GRÁVIDA

Certo dia, durante uma excursão pelo norte e nordeste, fui visitar a casa do famoso escritor brasileiro José de Alencar. Autor de diversos romances de sucesso, como o Guarani, Iracema, Ubirajara, o Gaúcho, e outros, José de Alencar é uma glória para os brasileiros. Pois bem, passando por Fortaleza, resolvi conhecer a casa de Alencar, que fica numa fazenda, hoje tombada como patrimônio cultural, pelo ex-presidente Castelo Branco.

O guia, que me acompanhava, relatava tudo com uma fluidez histórica que me deixava empolgado. No meio da suas descrições, contou que o romancista José de Alencar era filho de um padre. O motorista do nosso grupo exclamou, então, com um sorriso malévolo:

- É, os padres também são sacanas!

Eu lhe falei:

- Você não admira o grande escritor da sua terra José de Alencar? É uma glória que vocês têm. Além do mais, é graças a ele que agora você está ganhando a vida ao transportar turistas para cá. Então, abençoe esse padre, ao invés de ridicularizá-lo, porque foi graças a ele que vocês aqui têm José de Alencar.

Você está grávida. Que maravilha! Criou uma nova vida, quer dizer, continuou a obra da criação do mundo. Seu filho é muito importante neste mundo, caso contrário não estaria existindo. Dê-lhe muito amor e carinho, porque ele há de abençoar por toda a vida seu gesto heroico de desejar que ele viva e de resolver enfrentar a situação por amor a ele. Você está grávida não porque seria horrível o aborto, mas porque ama esta vida que está nascendo. Já imaginou que coisa estupenda! Você tem um filho, alguém que é de você! Aí está ele, feliz, surgindo de você através do milagre da vida realizado por você, pelo poder de Deus.

    Você não está sozinha. Deus foi o autor dessa vida e está feliz porque você aceitou. Ele está com você e vai dar tudo certo. Não tenha medo. Esse filho vai lhe trazer tantas alegrias e satisfações que nem pode imaginar.

- O que mais me preocupa – me dizia uma jovem grávida – é a conversaria maldosa das pessoas.

- Nada há que se preocupar. Essas mesmas pessoas que criticam você, por certo têm um cachorrinho ou um gato que é o mimo delas e para o qual tudo fazem. Ou, então, têm um carro, amam esse carro, lavam-no, cuidam dele, fazem de tudo pelo carro. Conheci um homem que tinha um cavalo que era só dele, ninguém podia sequer chegar perto do seu animal; tratava o cavalo como um príncipe, dava ração especial, cuidava dele nas doenças, fazia de tudo pelo animal. Esse mesmo homem vivia falando de uma vizinha porque essa era mãe solteira. A diferença, querida amiga, entre você e essas pessoas é que você está se dedicando a um ser humano, filho de Deus, uma criatura maravilhosa que pode amar, sorrir, falar, abençoar e fazer tanta gente feliz; a diferença está em que o ser ao qual você se dedica é uma pessoa e não uma coisa ou um animal. Por isso, teria muito mais razão de falar dos outros do que os outros de si. Mas, não queira se preocupar com a vida deles e nem com o que pensam. Sua vida é sua e você a vive como lhe apraz. É muito mais grandioso e maravilhoso dedicar o tempo a um ser humano do que a um carro, a um cachorro, a um gato, a um cavalo, a uma casa ou a qualquer outro bem material. Tenha a certeza de que esse seu filho vai abençoar sempre você, porque você foi admirável num momento difícil. Antigamente, era muito mais dramático ser mãe solteira. A sociedade era mais cruel. Hoje, este aspecto não está chamando tanto a atenção, porque cada um é livre e age como bem entende. Eu até aconselharia você, solteira, bem estabelecida na vida, madura, caseira, a adotar um filho abandonado, porque é muito mais lindo e mais compensador ter um ser humano na sua vida do que um mimoso cachorrinho. No outro dia, eu li essa frase, que pode ficar bem aqui: "O que os outros pensam de você não é da sua conta".

SUA COR É LINDA E ATRAENTE

Um dia, uma jovem, de cor escura, me falou que sentia complexo da sua cor. Parecia-lhe que existia uma barreira entre ela e as outras pessoas. Tinha a sensação desagradável de ser exceção em qualquer lugar.

Contei-lhe, então, que, uma vez, eu viajava de ônibus para Porto Alegre e, ao meu lado, estava uma jovem. Conversamos sobre muitos assuntos. Só depois de algum tempo é que percebi que ela era cega. Então, comecei a desvendar o mundo de uma pessoa cega e aprendi coisas maravilhosas e inesquecíveis. A certa altura, falando do Poder Curador existente em cada pessoa, disse-lhe que podia conseguir o milagre da visão. A jovem me respondeu que, se pudesse voltar a nascer, escolheria nascer novamente cega.

- As pessoas que enxergam com os olhos – dizia ela – na verdade, passam por cima de tudo e acabam enxergando muito pouco da vida. Eu, no entanto, enxergo com a mente e tenho uma sensibilidade extraordinária, que me dá uma maravilhosa gratificação interior. Sinto a delicadeza e a suavidade da flor, como ninguém de visão perfeita consegue. Eu distingo as cores pela sensibilidade.

- Você pode – perguntei-lhe – saber se uma pessoa é branca ou preta?

- Tranquilamente. A pessoa branca tem a pele ríspida, como se fosse uma fazenda mais grosseira. A pessoa negra tem a pela macia, delicada, envolvente, talvez assim como o cetim, a seda.

Era isso que eu queria dizer a você, querida jovem. Você tem a pele mais linda do mundo. Você tem a pele mais suave e delicada do que a pele das pessoas de cor branca. Que maravilha! Sinta-se agradecida a Deus por ter feito você com essa pele suave, nessa cor sofisticada e bonita. Você é uma pérola negra. Tenha orgulho da sua cor. O fato de a maioria, no Brasil, ser de cor branca representa até um elogio para você. Sinta-se atraente por ser diferente.

Até agora você sentia barreiras, porque as criava na mente e a mente reproduzia na realidade da vida. Você é aquilo que pensa. Tire as barreiras da mente e você se sentirá próxima das pessoas e ligada a todas elas. Todos gostam de você. Seu rosto é o espelho da alma, por isso, terá um rosto lindo, atraente, simpático, não quando muda de cor, mas quando enche a sua mente de amor, de alegria, de felicidade, de amizades, de bondade, de simpatia e de carinho. Uma pessoa não é mais atraente porque usa um vestido branco ou preto, mas sim pelo mundo interior que se manifesta exteriormente, criando laços de aproximação ou de repulsa.

Mas, você, que é de cor escura, já está levando vantagem sobre as pessoas brancas, porque a sua pele é mais suave, mais aveludada, tem a delicadeza da carícia. Parabéns a você. Todos gostam de você.

DEIXE DE PENSAR NOS ERROS

Todos os erros que você cometeu não existem mais. Não fique revolvendo-os na mente, como quem vive revolvendo a lata de lixo.

Lembre-se que você errou, mas não é um erro.

Jogue fora agora todos os seus erros passados e perdoe-se.

Agora que se perdoou, está tudo perdoado.

Perdoar significa demitir, mandar embora, apagar.

Arrepender-se significa mudar de ideia.

Mude de ideia agora mesmo.

Por favor, não fique se autopunindo, porque isso é besteira.

Deus não quer que você fique aí se lamuriando do que aconteceu, mas que se levante decididamente e vá fazer a sua vida, com mais ânimo, com mais coragem, com mais fé.

Todos os acontecimentos hão de ser, para você, motivos de crescimento, alavancas para a sua escalada.

Não seja como a vaca, que fica ruminando, ruminando.

Levante a cabeça.

Você é o que é agora e agora você é maravilhoso, sincero, honesto, alegre, de bom coração, otimista, saudável, bondoso, calmo, seguro de si, sereno, generoso, cheio de bons sentimentos e de boa vontade.

Veja-se assim e todos assim o verão.

Deus sempre perdoa, se você se perdoa.

TALITHA, CUMI!

Certa vez, Jesus estava à beira do Lago de Genezareth, quando se aproximou dele um homem chamado Jairo, pedindo que o Mestre fosse à casa dele a fim de impor as mãos sobre sua filhinha, que estava à morte.

Jesus foi com ele, mas, no caminho, vieram avisar que a menina tinha morrido.

O mestre, no entanto, foi até a casa de Jairo e dirigiu-se ao quarto da menina.

Realmente, ela estava morta.

Jesus, então, tomou-a pela mão e disse-lhe: "Talitha, Cumi!" – o que quer dizer: "Menina, eu te ordeno: levanta-te!"

Imediatamente, a menina se levantou e pôs-se a andar.

Eu queria contar essa história para você, minha jovem querida, que se sente deprimida, acabada, derrotada.

Esta história é para você, que está desesperada e quer morrer.

Esta história é para você, que se considera morta.

Esta história é para você, que exclama, aos gritos, que tudo acabou.

Talitha, cumi!

"Levanta-te, menina!"

Esta é a palavra do Divino Mestre para você. Sim, para VOCÊ.

"Levanta-te!"

Ressurja agora para uma nova vida.

Assim como aquela menina ergueu-se à voz do Mestre, você também agora está se erguendo, porque o Senhor está dizendo para você: "TALITHA, cumi!"

Que maravilha!

O milagre da ressurreição está acontecendo em você. Está sentindo uma nova energia vital, está sentindo a grande emoção do ressurgir.

Um novo mundo se abre aos seus olhos.

Contemple a nova vida com alegria, com entusiasmo e com toda fé, porque agora todos os caminhos da felicidade e do amor se abrirão para

você.
>Você é um milagre vivo.
>Festejemos juntos.
>Eu acredito em você.
>Todos acreditam em você.

CAPÍTULO VII

ONDE ESTÁ O SEU DEUS

Você entrou neste mundo e ficou deslumbrado com as maravilhas que se descortinam diante dos seus olhos. Olha para si e vê o universo sem limites do seu ser; olha para a natureza e fica encantado com a ordem e beleza nela existentes; olha para o céu e acha incrível como bilhões e bilhões de estrelas giram na mais esfuziante velocidade em torno de órbitas cientificamente corretas e perfeitas; olha para os outros e pensa na Sabedoria incrível que imaginou e construiu seres humanos com tanta complexidade e perfeição.

Sua mente se volta, então, para a ideia de um Criador, porque você não pode imaginar um relógio sem ter havido, em algum momento, um relojoeiro.

O grande filósofo, pensador, escritor e teólogo Agostinho de Hipona, exclamou um dia: "Creio, porque é absurdo não crer!"

Mesmo que você acredite no Acaso, um dia descobrirá que o Acaso é apenas mais um pseudônimo de Deus.

Quando os homens saíram à procura de Deus, começaram a surgir as religiões que nada mais são do que caminhos que levam a Deus.

Talvez possamos citar como sendo sete os principais mensageiros de Deus:

Moisés, 1500 anos antes de Cristo;

Krishna, 1.200 anos, ou mais, antes de Cristo;

Buda, 600 anos antes de Cristo;

Lao-tse, 604 anos antes de Cristo;

Confúcio, 551 anos antes de Cristo;

Zoroastro, 700 anos antes de Cristo;

Jesus Cristo, 2.000 anos atrás, princípio da nossa era.

Maomé, 600 anos depois de Cristo.

O Brasil é um país essencialmente cristão e tem em Jesus Cristo o seu Mestre Divino e Salvador.

Jesus veio trazer a paz e o amor entre os homens: "Amai-vos uns aos outros". Ensinou que todos os caminhos se abrem pela força todo-poderosa da fé: "A fé remove montanhas e tudo alcança".

Jesus foi o primeiro a ensinar a Lei da fé,

provando, ao longo de sua caminhada terrena, que a fé cura todas as doenças, soluciona todos os problemas, atrai a riqueza e abre todas as portas da vida.

A mais perfeita definição do poder da mente foi dada por Jesus: "Tudo o que pedirdes ao Pai, em oração, crendo que haveis de alcançar, alcançareis".

Nesta afirmação, ele mostrou que o Pai a gente o encontra dentro de si. Ele mesmo afirmava: "Eu e o Pai somos um". Você também é uno com o Pai. "As obras que eu opero, meu Pai as opera em mim". As obras que eu opero na minha mente consciente, Deus ou Pai, que habita a minha mente subconsciente, as opera em mim.

Deus é em você.

"Quem vê a mim, vê o Pai" – ensinava Jesus.

Quem vê você deve ver o Pai, porque Deus é em você. É por isso que o seu espírito é eterno, imortal.

Você é o seu espírito. Como o seu espírito nunca morre, a morte não existe.

"Quem crer em mim, viverá eternamente" – palavras do Nazareno.

"O dom dado por Deus é a vida eterna".

Alegre-se, porque você nunca morrerá.

Sua vida procede da Vida Infinita, por isso

você sempre é. Nem mesmo seu corpo morrerá. Seu corpo é uma energia, que um dia se transformará em outro tipo de energia.

Por que então desesperar-se com a morte dos seus?

Por que enlutar para sempre a sua vida quando seu pai, sua mãe, seu marido, esposa, filho, filha, noivo, namorado, passou para a outra dimensão?

Ele ou ela continua a vida do outro lado do céu e você deve continuar a sua vida deste lado do céu.

Você está vivo, o mundo está vivo, e a vida é a sua alegria.

"Amai-vos uns aos outros".

A vida ensinada por Jesus é uma vida sem preocupações: "Não vos preocupeis pelo dia de amanhã; vosso Pai que está nos céus cuidará de tudo"; é uma vida alegre, positiva, saltitante e feliz: "Se não vos tornardes como crianças não entrareis no reino dos céus"; é uma vida que nos oferece, pelo Poder Divino, todas as boas coisas que desejamos: "Até agora nada pedistes; pedi e recebereis para que a vossa alegria seja completa"; é uma vida saudável, sem doenças, sem sofrimentos, sem dores: "E Jesus percorria toda a Galileia, ensinando nas sinagogas, pregando a boa nova do reino e curando todas as enfermidades no meio do povo. A sua fama espalhou-se assim por toda a Síria, e trouxeram-lhe todos os doentes atormentados de várias enfermidades e padecimentos, possessos, epilépticos e paralíticos, e ele os curou".

Jesus prometeu ser a fonte perene da saúde, da paz, do amor, da alegria, da abundância, da fé, da felicidade, do perdão, da justiça, do poder e da sabedoria.

"Eu sou o Caminho, a Verdade e a Vida".

Bem-aventurado é você que assim crer, porque pode contar com a força todo-poderosa da fé, que tudo lhe alcança nesta vida.

Religião é amor. Esta é a mais perfeita definição de religião, segundo Jesus Cristo. Tudo o mais é acréscimo.

Talvez você diga que não crê em Deus.

Isso é simplesmente impossível.

O que está acontecendo com você é que está dando outro nome para Deus. Talvez Deus tenha, para você, o nome de Energia Eterna, ou Matéria Eterna, ou Natureza, ou Acaso, ou Geração Espontânea, ou Mente Cósmica, ou Cosmo, ou Universo, ou qualquer outro nome. Estas palavras, no fundo, significam Deus, Pai, Supremo Arquiteto, Javé, Senhor.

Mas, eu perguntava, lá acima, onde está Deus?

Não o busque além das nuvens, nem num trono de ouro e nem sentado sobre as colunas da terra.

Busque-o dentro de si, no centro do seu universo. Ele é a Vida em você. Ele é o Poder Infinito existente nas profundezas do seu subconsciente. Deus é em você, por isso você é todo-poderoso e tudo o que você pede a ele você alcança. Eis aí o fundamento da lei do PEDI E REBEREIS, ensinada pelo grande sábio Jesus Cristo.

Siga pelos caminhos da vida, com a mente elevada, com a fé voltada para o Deus todo-poderoso no seu íntimo, com a certeza de estar trilhando caminhos de eternidade, com a certeza de ter em si a presença da Divindade, com a certeza de ter em si a grandeza do Infinito e com a alegria de ver dentro de si a própria Fonte da Vida.

Então, grite de felicidade, porque, finalmente, você entrou no ser reino dos céus.

ÍNDICE

Estoure a bomba 05
Vamos apresse o passo 05
Aqui e agora 06

CAPÍTULO I
PONHA A MÃO NO SEU PODER

Siga em frente 08
Como você é importante 09
A vida está lhe abrindo todas as portas 10
O exemplo do sapo 12
As suas origens 13
O mundo é seu 14
Vós sois como deuses 15
Como usar o Poder Infinito 16

CAPÍTULO 2
VENCENDO DIFICULDADES E MEDOS

O pensamento é a sua força 21
O pensamento é a sua oração 24

A dúvida destrói a força da oração 26
A fé é energia todo-poderosa 28
O pensamento cria, o desejo atrai, a fé realiza... 29
Jesus foi o mestre da fé 31
Onde se situa a usina atômica 34
Saiba usar o Poder Infinito para o seu bem 36
Eu quero fazer regressão de idade 38
Você é hoje o que são hoje os seus pensamentos 42
A sua mente é o seu mundo 43
Não existe lugar ruim: existe mente atormentada..45
Jogue fora os medos 45
Você é livre e poderoso 54

CAPÍTULO III
ABRA AS COMPORTAS DA INTELIGÊNCIA

Como você deve estudar 61
Os níveis de consciência 62
A menina que alcançou as notas que precisava . 65
Relax e mentalização antes da prova 66

CAPÍTULO IV
VIVA NO MUNDO LINDO DO AMOR

Juventude é amor 69
O amor atrai 70
Meu Deus, como você é uma pessoa linda! 72

O elogio aproxima... 74
O dia do amor.. 76
Acredite nos rapazes 79
Cada um propõe o que quer 81
Você atrai o que pensa... 82
Minha namorada me trocou por outro 83
Mentalização para você encontrar o seu amor ... 87
Aquela jovem perdeu o noivo e queria matar-se 91
Sexo e amor... 94
Quando você pode usar esse benefício divino ... 96
Eu sou virgem 98
Bem-aventurados os puros de coração, porque eles verão a Deus... 99
Será que é ela o meu amor mesmo?................... 101
Quando é que eu posso casar? 103
Só case por amor.. 105
Quem casa quer casa.. 106
Deseja casar?.. 107

CAPÍTULO V
O SUCESSO AO SEU ALCANCE

As riquezas vêm da mente 112
Oração da riqueza 113
A riqueza é um bem 114
Valorize o seu emprego......................................115
O caminho da riqueza não é complicado 117
Comece por qualquer ponta 117

Quando dizem que você é um vagabundo 120
Eles puderam, você pode! 121
Escolha a sua profissão 124
Vai fazer vestibular e não sabe para que curso 127
Oração para conseguir emprego...................... 128
Será preciso estudar?..................................... 130

CAPÍTULO VI
VOCÊ É UM FILHO PRÓDIGO?

Pare de culpar seus pais 136
Não despreze sua mãe.................................... 140
Se você bebe 143
O poder contra as drogas............................... 147
Agora cavalgue o arco-íris 151
Socorro! Socorro! Socorro!............................. 154
Encontro com a fugitiva................................. 155
Você não é filho ilegítimo, pois é filho de Deus 159
Meus pais se separaram 161
Eu estou grávida.. 163
Sua cor é linda e atraente 166
Deixe de pensar nos erros 168
Talitha, Cumi! 169

CAPÍTULO VII
ONDE ESTÁ O SEU DEUS

IMPRESSÃO:

Pallotti
GRÁFICA EDITORA
IMAGEM DE QUALIDADE

Santa Maria - RS - Fone/Fax: (55) 3220.4500
www.pallotti.com.br